サンエイ新書

15

実録！　ムショで図太く生きる奴らの
悲喜こもごも

サラリーマン、
刑務所に行く！

影野臣直
Kageno Tominao

はじめに　どんなに真面目な人でも明日は犯罪者に！　文◎影野臣直

２０１８年８月１日の午前９時少し前。私の枕元の携帯が鳴った。液晶には〝公衆電話〟と表示されている。

「も、もしもし。もしもし。影野さんの携帯ですよね。オレです。川地です！」

２年半前。私の前から忽然と姿を消した、川地俊之（仮名）その人であった。

「おぉ、ダンディー、どうしたの！」

ダンディーとは、川地氏のニックネームである。俳優の故・成田三樹夫に似た男前である。職業は、ごく普通のサラリーマン。家族は、妻と愛娘が１人いる。川地氏は娘の大学進学のため、長年勤めた中堅商社を早期退職し、その退職金を入学金にあてた。退職後は、実入りの多い知人の会社に就職。行方不明になる直前、「大腸にポリープが見つかった」との連絡があり、落ちこんでいた。それから２年半、消息がまったく途絶えていたのだ。彼は「刑務所にいました。いや、刑務所というより〝美祢社会復帰促進センター〟に……」という。

ダンディーが言うには「だまされたんですよ、小五郎に」とのこと。小五郎とは、

はじめに

だまされて2年間の服役を余儀なくされたサラリーマンの川地さん

私たちの行きつけのイタリアンのオーナー&シェフの清田小五郎（仮名）である。我々が通っていた当初、料理がうまく料金も安いので繁盛していた。だが、悪羅《オラ》悪羅《オラ》系の怪しげな客が増えているなと思っていたら、小五郎は彼らの出資で闇金を始め、いつしかオレオレ詐欺にまで手を染めていたのだ。

人の良い川地氏は小五郎に、現金１００万円の受け取りを頼まれ、快く引き受けた。彼が前渡しでもらったのは、交通費としての１万円だけ。そして、巣鴨にある債務者とされた老人の自宅前で、張りこんでいた刑事ら6人に逮捕された。

「いくら集金を頼まれただけ、と言っても話も聞いてくれません。結局、自分の証言で小五郎も逮捕。詐欺と詐欺未遂で2人仲良く、判決は2年でした」

川地氏は前科もなければ逮捕歴もない。会社を休んだこともなければ、遅刻したこともない。そんな真面目なサラリーマンが、ささいなことで逮捕され刑務所に服役する。まったく人の未来とは、予測不可能なものなのである。

実録！　ムショで図太く生きる奴らの悲喜こもごも
サラリーマン、刑務所に行く！　目次

※この本は事実をもとに、一部フィクションを交えて構成しております

第一章　逮捕、刑務所までの道

些細な事から犯罪者となり刑務所行きが決定する

人は逮捕されると、どうなるのだろうか？

アナタや友人が、事件に巻き込まれたとしよう。場所は夜の繁華街……歌舞伎町でもいい。渋谷、六本木でもいい。合コンの最中にトイレに立ったメンバーが、酔客と些細なことでケンカを始めた。酒の酔いも手伝ってか、それとも日頃の仕事のストレスからか？　いやいや、女の子の前だ。ここぞとばかりにいいところを見せようと、全員入り乱れての大乱闘にまで発展する。

店内は騒然となり、店側の110番通報により警察官が大挙として駆けつけ暴動を鎮圧。乱闘に関わったと思しきメンバーらが、警察署に連行された。

事件発生の原因は分からないが、とりあえず容疑者（＝事件関係者）たちを所轄の警察署に強制連行する。これが、巷でいうところの逮捕である。

最初は興奮状態だった容疑者たちも時が過ぎ、酔いも醒めて次第に落ち着きを取り戻すと、事の重大さに気づきはじめる。

事件の概要も朧《おぼろ》げながら見えてくる。同僚で友人の坂本敏也くんが、初老の地方公務員・片山太郎さんと、通路で肩が「ぶつかった、ぶつからない」で口論となったのが原因だという。

先に手を出したのはケンカっ早い坂本くんで、片山さんは打ちどころが悪く脳挫傷で、一命は取り留めたものの、全治3ヵ月の重傷を負った。

警察は、坂本くんを容疑者から被疑者と認定。身柄を署内に設置されている留置場（＝代用監獄）に拘束した。

「ボク、これからどうなるんでしょう？」

翌日、東京地検に身柄を送検するための調書作成（＝弁解録調書）の取り調べ中に、坂本くんは泣き出しそうな顔で担当の刑事に尋ねた。

「ま、今回は厳しい処分が下されるだろうな。オマエ、以前に傷害で罰金の最高額50

万円を払ってるじゃないか」

「………」

坂本くんは、黙ってうつむいた。人柄は良いが酒癖の悪い彼は、酒席でたびたび過ちを繰り返していたのだ。過去、身柄拘束こそされなかったものの、略式裁判（＝書類上の裁判）により罰金50万円が科せられている。これも立派な前科（＝罰金前科）として、警察等の記録に残るのである。

「検察官が48時間以内に、おまえを検事勾留をするか否かを決定する。まず事件性から考えても、勾留は間違いないだろう。一勾留10日で最高2勾留だから、20日は出られないだろうな」

「20日間も⁉」

「それは、あくまで最低日数だからな。店側から、器物損壊と威力業務妨害の被害届も出ている。これら被害者感情を、検事さんがどう判断するかだな」

「あぁ!!?」

坂本くんは犯した罪の重さを知り、取調室内のデスクに顔を埋め号泣した。
20日後、坂本くんは東京地検から傷害罪で起訴（＝公判請求）され、被疑者から刑事被告人となった。

「おい、坂本!!　明日、おまえは小菅（＝東京拘置所）に移監だ。あとで荷物をまとめておくように……」

「えっ!?」

被告人となると、その身柄は警察から法務省の管轄となる。ここで坂本くん、いや坂本被告は法務省管轄の東京拘置所に移送され判決を待つ。

確実に公判維持できるとされて、起訴されたのだから、坂本くんの処遇も警察署内のように楽ではない。一般の行刑施設と同様のカリキュラムで、日常生活を送らなくてはならないのだ。

東京拘置所で、3ヵ月の未決生活を過ごした坂本くん。頬は落ちこみゲッソリとして、サラリーマンとは思えないような悪人相に変貌している。

そして、運命の判決の日。

「主文、被告人を懲役1年6ヵ月に処す」

裁判官は刑の宣告後、朗々と判決文を読み上げた。もし、坂本くんに執行猶予がつくなら、ここらで「……ただし、その執行を○○年間猶予（＝最長5年まで）する」と、裁判官が付け加える。

（あぁ、執行猶予は付かないのか）

坂本くんは、愕然とうなだれた。

坂本くんが期待したのは、たとえ実刑判決であっても刑の執行を一定期間猶予してくれる「執行猶予」という寛大な処分であった。

無罪ではなく実刑判決は受けたが、その刑の執行を猶予されている期間内に刑事事件を起こさずに過ごせば、刑務所に収監されることなく通常の社会生活を送ることができるという、温情判決である。

だが、坂本くんに執行猶予は付かず、そのまま刑務所行きを宣告

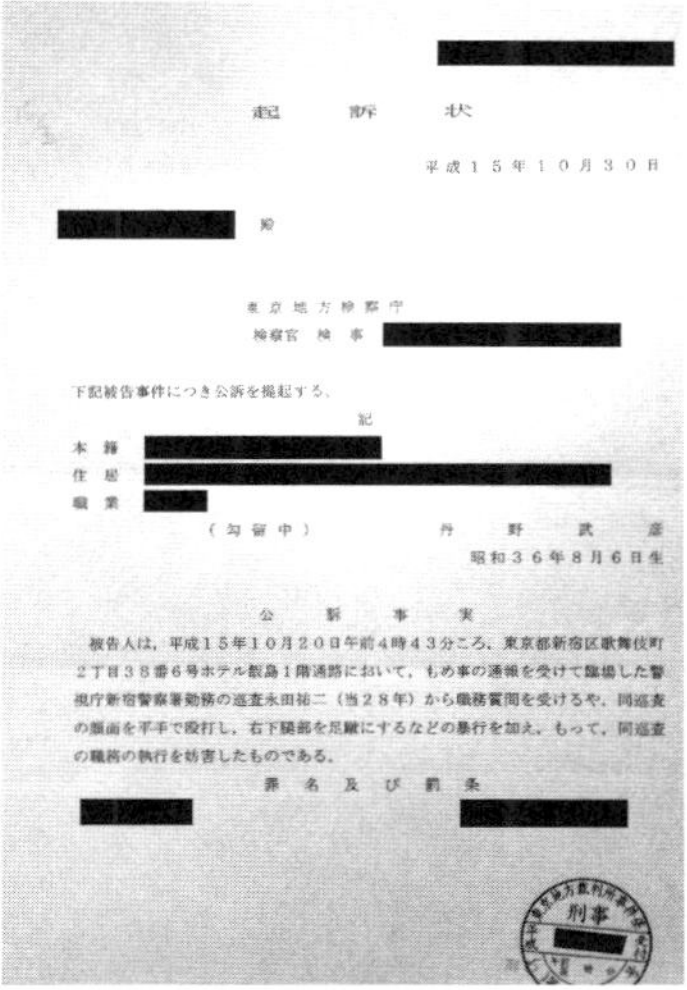

[redacted]

起　訴　状

平成１５年１０月３０日

[redacted]　殿

東京地方検察庁
検察官　検事　[redacted]

下記被告事件につき公訴を提起する。

記

本籍　[redacted]
住居　[redacted]
職業　[redacted]
（勾留中）　丹　野　武　彦
昭和３６年８月６日生

公　訴　事　実

被告人は，平成１５年１０月２０日午前４時４３分ころ，東京都新宿区歌舞伎町２丁目３８番６号ホテル飯島１階通路において，もめ事の通報を受けて臨場した警視庁新宿警察署勤務の巡査永田祐二（当２８年）から職務質問を受けるや，同巡査の顔面を平手で殴打し，右下腿部を足蹴にするなどの暴行を加え，もって，同巡査の職務の執行を妨害したものである。

罪　名　及　び　罰　条

[redacted]　[redacted]

刑事　[redacted]

公判維持が可能だと判断すると、起訴される。

されたのだ。ここで、控訴（＝一審の地裁判決を不服とし、高等裁判所に新たな証拠を提出して刑の軽減を図ること）することも考えられたが、1年6ヵ月というションベン刑（＝短い刑期）ということもあり、身元もしっかりしているので弁護士と相談し、もっとも早く社会復帰できる道を選択したのである。

「今は、刑務所が過剰収容の時代。新たに保護観察つきの仮釈放制度で、示談がすんだ傷害事件なら、ボクは6ヵ月くらい早く出ることができると思う。控訴期間で4〜6ヵ月ムダにするなら、務めた方が早く社会復帰できるよ。未決通算も80日ももらったのだから、かなりキミの情状面が加味された判決だよ」

坂本くんは、弁護士の勧めで刑務所行きを選んだのである。そして、判決から2週間で坂本くんの刑は確定し、晴れて未決囚（＝被告人）から既決囚（＝懲役受刑者）となったのである。

懲役受刑者となり、送られた先で待っていた現実とは⁉

さて、既決囚となると2週間ほどで、今まで暮らしていた未決房から、受刑者が暮らす既決房へと移動となる。その際、下着を含むすべての衣類は懲役受刑者のものと取り換えられ、頭は強制的に丸刈りにされる。私物も一部のものを除いて、一切合切引き揚げられるのだ。坊主頭でアカテン（＝懲役服）を身にまとった姿はなんとも屈辱的で、名実共に懲役受刑者となった気がする。坂本くんは鏡に映った坊主頭をなでながら、自分の犯した罪を心底悔いた。

この東京拘置所の既決房で過ごす2～3週間を「考査期間」といい、紙折りなどの軽作業をしながら、坂本くんの特性や能力、それに性格、知能、健康状態などを徹底チェック。家族構成までも踏まえ、移送される刑務所を厳選する。

しかし、坂本くんは初犯（＝A認定）であるにも関わらず、『犯罪傾向が悪化している』とされ、再犯（B認定）扱いとなり、島流しと揶揄されるほど厳しい佐渡島刑務所行きを申し渡された。

「おい、坂本!!　出発だぞ!!」

刑務所移送日の朝は早い。午前五時起床、朝食を摂ると護送バスで上野駅へ。上野から上越新幹線で新潟まで行く。道中、手錠腰縄で5人の移送組は数珠つなぎにされている。懲役受刑者の人権を守るため、手錠の上からマジックテープ付きのタオル状のもので『手錠隠し』が施されるが、逆に手錠隠しが目立つばかりでなんの効果もない。

坂本くんは周囲の好奇の視線にさらされながらも、新幹線内で刑務官から配られたお菓子や飲料水を飲食し、週刊誌や新聞を読んで最後のシャバの空気を満喫した。

「ここが、佐渡島刑務所か……」

坂本くんは、佐渡島刑務所から迎えに来た護送バスの窓から刑務所の外壁を見た。

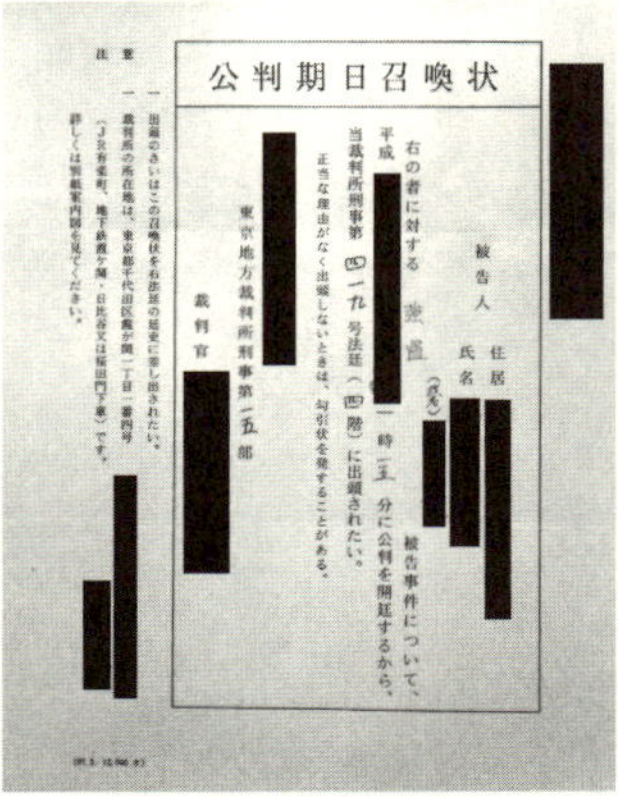
[redacted]
公判期日召喚状
被告人 住居 [redacted]
氏名 [redacted]
[redacted]
右の者に対する 被告事件について、
平成 [redacted] 一時一五 分に公判を開廷するから、
当裁判所刑事第 四一九 号法廷（四階）に出頭されたい。
正当な理由がなく出頭しないときは、勾引状を発することがある。
[redacted]
東京地方裁判所刑事第一五部
裁判官 [redacted]
注意
一 出頭のさいはこの召喚状を右法廷の廷吏に差し出されたい。
一 裁判所の所在地は、東京都千代田区霞が関一丁目一番四号（JR有楽町、地下鉄霞ケ関・日比谷又は桜田門下車）です。[redacted]
詳しくは裏面案内図を見てください。[redacted]

起訴されると99.6%無罪を勝ち取ることはできない。

これから1年半を過ごす受刑地だけに、なんとも感慨深く感じられる。その後、刑務所内に入りアカテンに着替え、簡単な身体検査や荷物検査が行われた。

入所の流れとしては、3週間の考査期間を経て、訓練工場で1週間を過ごし、工場配役となる。それからが、佐渡島刑務所での本格的な懲役生活の始まりなのだ。

「坂本敏也、おまえの称呼番号は110番だ‼」

「えっ⁉」

これから出所するまで自分の名前代わりとなる称呼番号が、坂本くんに与えられた。空いている数字をランダムに充てられるのだが、その番号が彼の大嫌いな警察の110番。坂本くんは、なんとも皮肉な巡り合わせに思わず苦笑いした。

「こら、坂本‼　なにがおかしい‼」

刑務官は、室内の静寂をつんざくような大声で怒鳴った。

「は、あぁ、すいませんでした‼」

坂本くんはいきなりの恫喝に度肝を抜かれ、慌てて頭を下げた。

「110番!!　オマエ、ここは未決とは違い、刑務所なんだぞ。ヘラヘラしとったら、すぐツマれる（＝懲罰に上げられる）ぞ」

刑務官は、坂本くんを威嚇するように睨みつけた。

（やれやれ……これは大変なところにきたぞ）

坂本くんは、心の中でつぶやいた。

初犯でありながら、悪名高き再犯刑務所・佐渡島刑務所に落ちた坂本くん。

はてさて、これからどんな懲役生活を送るのやら？

コラム

入所時に持っていた私物や現金はどうなる?

刑務所に下獄すると、まず真っ先に連行されるのは会計課である。そこで私服からアカテン（懲役服）に着替え、拘置所から持ってきた所持品の一部を除き、刑務所内で使用できないものすべてを預けるのである。一受刑者が保管できる所持品は、ファンシーケース2個分だったと思う。もし覚え違いでなければ、確かその容量は108リットルだったと記憶する。これには現金や貴金属、携帯電話、腕時計にネックレスなどの貴重品は含まれない。金銭的価値の高いものは刑務所の金庫に保管され、現金は〝領置金〟として会計課が預かるのである。

基本的に、刑務所内で現金を持つことは禁止されている。同じアカテン（懲役服）に身を包み、同じ麦シャリの臭いメシを食べ、鉄格子で囲まれた冷暖房のない舎房での共同生活。シャバでヤクザの大親分だった受刑者も、ホームレスまがいの生活を送っていた受刑者も、すべて平等に扱われるのが刑務所の中だ。無一文で服役しても、人間が生きるために必要な衣食住を、刑務所が無償で提供してくれる。

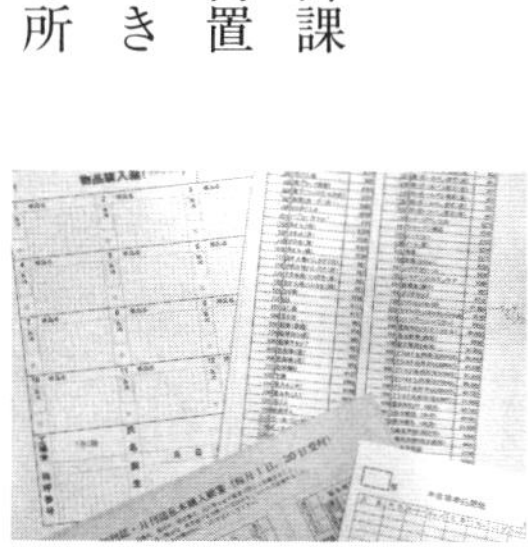

購入物品表と購入申し込み用紙

そんな刑務所内で、もし現金を持つことができたなら、お金を多く持つ受刑者と、持たない受刑者との間にパワーバランスが生じてしまう。極端にいえば、「カネやるから、あのオヤジ（刑務官）を殴ってこい」などということも可能なのである。そしてカネの力で受刑者の先導し、好き勝手行うこともできる。だから受刑者の現金は刑務所が預かり、面倒でも新聞や雑誌、書籍等や自弁（市販の購入品）などの購入の際には、刑務所側が責任を持って受刑者の代わりに支払いを代行する。

会計課から工場担当の刑務官が自弁購入の受刑者に、「運動靴購入。領置金残高は、これで間違いないか」と確認する。もし、自分の領置金の残高に異常がなければ、書類の隅の押捺箇所に左手の人差し指で指印を捺す。この左手の人差し指が、刑務所でのクレジットカードのサインなのだ。当然、所持金のないものは、刑務作業で得た作業報奨金で自弁物品を購入しなければならない。だが、時給に換算して1時間最低5円20銭から最高37円60銭の作業報奨金では、月に８００円から1万円前後にしかならず、しかも作業報奨金はつかえる額も1／2程度（刑務所、作業内容によって違う）までと決められている。なぜなら作業報奨金とは、受刑者が社会復帰の際に更生の資金にするためのものだからだ。

第二章　刑務所グルメ　前編

受刑者平等主義を掲げつつも食事内容には差がある

塀の中にいても、人は食欲を忘れないもの

「アナタ、少し痩せたんじゃない？」

坂本敏也くんの同僚で、フィアンセの仲川昭子さんが、面会場で心配そうに尋ねた。

「あぁ、東京拘置所の３ヵ月で10kg。佐渡島刑務所に来て更に５kgは痩せたんじゃないかな!? いい男になっただろ、ハハハ……」

坂本くんは、自虐的に笑った。

「ゴハン、ちゃんと食べているの？ ほら、よく刑務所の食事って、臭くって食べられないっていうじゃない」

昭子さんは、自らの不安を払拭するように尋ねた。
「いや、それがメシは意外に美味いんだよ」
坂本くんは、笑顔で答えた。

全国の刑務所で食べてられているムショ飯。主食となるのは米7：麦3の割合で配合される、一般的に言うところの『麦シャリ』……、麦飯である。刑務所の麦シャリは全国共通で、『銀シャリ（＝白米）』と違い臭いが強く、冷めると食べられたものではない。

それに、最近になって米7：麦3に改められたが、昔は米6：麦4は当たり前、米麦半々の頃もあったという。

麦が3分混ざっているだけで臭みが強いのだから、語り継がれるムショ飯はいかに臭かったか、ご理解頂けると思う。このようなことから、刑務所の飯を「臭い飯」と形容するようになったのである。

「本当に？　ムリしていってるんじゃないの⁉」

昭子さんは、坂本くんが平静を装っているのではと疑っているようだった。

「いやいや、本当にメシは美味いし、量もたっぷりなんだ」

坂本くんは、真剣な表情で答えた。

留置場では、近所の弁当屋が食事を運ぶ。もちろん刑務所や拘置所と違い、白米の仕出し弁当だ。加えて起訴されていない被疑者の身分だから、運動の時間にタバコも吸える（かつては1日2本吸えたが、現在は完全禁煙）し、取調室では刑事の権限で出前を取ってもらう（刑事の得意のセリフと言えば〝カツ丼食うか？〟だが、現在は禁止されている）こともできた。

しかし起訴されると法務省の管轄となり、それ相応の処分が下されることが決定するので、留置場のようにタバコを吸ったり、出前を取ってもらうことはできない。

食事も、懲役受刑者と同じものを摂ることとなる。ただ身分が未決なので、自弁購入（＝自費で市販の品物や食料品を買うこと）や差し入れで、食事以外にも好きなものが飲み食いできるのである。

だが、刑務所は違う。すべてが官から与えられ、決められたものしか食べられないのだ。

「じゃあ、なぜ痩せたのよ」

昭子さんは、食ってかかるように言った。

「今、オレは工場に下りたばかりなんだ。まだ見習い工の身分だから、若干メシは少ない。朝の8時から夕方4時20分まで、脇見もできず8時間みっちり働いてるんだもん。心身ともに疲れて、痩せるのは当たり前さ」

「………」

昭子さんは、訝しげに坂本くんを見た。受刑者平等主義で運営されている刑務所だが、食事に関しては多少異なる。

食事に『食等』という制度があり、重労働や頭脳労働。または危険作業に従事する懲役受刑者は『A食』が与えられる。このA食は、主食が吉野家の牛丼の大盛り程度のメシの量だ。同様に、一般作業は『B食』で、吉野家の牛丼の並みぐらいの飯の量。モタ工（＝無能な懲役受刑者）の定番とされる紙折りや袋貼りなどの房内作業（＝居室でできる作業）には、『C食』が配食される。これが、一般家庭の小さな茶碗で大盛りほどの量である。

また特殊な食等として『区分食』というのがあり、糖尿病や高血圧などの成人病で医務から食事制限を受けている受刑者に配食される。

区分食の量は、小さな茶碗に軽く一杯程度。男子刑務所の食事をカロリーで現すと、A食が1600㎉（副食1020㎉）。B食が1300㎉（副食1020㎉）で、C食は1200㎉（副食1020㎉）となり、区分食に至っては医務の指示により飯の量が大

週間テレビ番組予定表

時間・CH・種類						
5(土)	昼間	居室配食係TV 下記参照	12:00 13:30 工場出業者TV 自由チャンネル	15:00 15:30 工場出業者TV 自由チャンネル	夜間	18:00 20:52 工場出業者TV 自由チャンネル
6(日)	昼間	9:00 11:00 工場出業者TV 自由チャンネル / 9:00 11:00 VTR (2) UDON	12:00 13:30 工場出業者TV 自由チャンネル	15:00 15:30 工場出業者TV 自由チャンネル	夜間	18:30 20:52 工場出業者TV 自由チャンネル / 18:00 19:05 VTR (2) ガリレオ　第１０回
7(月)	夜間	19:00 20:52 工場出業者TV 自由チャンネル				
8(火)	夜間	19:00 20:52 工場出業者TV 自由チャンネル				
9(水)	昼間	9:30 10:56 VTR (2) 指定チャンネル プロフェッショナル仕事の流儀 / その時歴史が動いた	12:00 13:00 VTR (2) 指定チャンネル スポーツニュース等 / わらっていいとも	15:00 15:29 VTR (2) 指定チャンネル ドキュメントニッポンの現場	夜間	18:00 20:52 工場出業者TV 自由チャンネル
10(木)	夜間	19:00 20:52 工場出業者TV 自由チャンネル				
11(金)	夜間	19:00 20:52 優良居室TV 自由チャンネル				

[注意事項]　5日(土)　居室配食係TV
9：30～11：30　自由チャンネル
9：30～11：18　VTR (2)「ボーンスプレマシー」

毎週、テレビ番組表が舎房に貼り出される。

幅に増減されるという。

ちなみにこの食等は、身長によっても左右される。身長１８０cm以上の懲役受刑者には、吉野家の牛丼特盛り並みの『特A食』というのが与えられる。たとえ懲罰などで食等がB食に落ちたとしても、身長１８０cm以上の懲役受刑者には『特B食』や『特C食』が配食されるのだ。ただし条件を満たした懲役受刑者のみで、１８０cmに１cmでも足りなかったり、ただ体重が１００～１５０kgを超えたとしても『特A食』『特B食』等は与えられない。

「そろそろ時間だぞ」

面会時間の終わりを、立ち合いの刑務官が告げた。

「えっ⁉　もう、時間ですか？」

面会担当の刑務官は、黙ってうなずいた。

「それじゃ、来月休みが取れたら来るからね。身体にだけは気をつけて……」

「あぁ」

面会室を遮る硬質プラスチックのガラス板に、坂本くんと昭子さんは手を重ね合わせた。

刑務所に移送されて、始めての面会。時間にしてわずか15分あまりの短い逢瀬であるが、面会は食事と同じで懲役受刑者の一番の楽しみなのだ。

心やさしい昭子さんは、毎月1回面会に訪れている。会社勤めであることから、平日しかできない刑務所への面会は日程的に難しい。

「おい、坂本!!　オマエ、足、どうかしたのか？」

入所から1ヵ月が過ぎた、ある面会の日。昭子さんとの面会を終えて工場へ戻る道中、引き回し（＝懲役受刑者を連行する）の刑務官が坂本くんに尋ねた。

「いや、訓練工場での天突き運動（＝刑務所独自のスクワット）で、足が筋肉痛で…」

「なんだ、情けないヤツだなぁ」

刑務官は、苦々しげに坂本くんを見た。

舎房と作業の配役により分かれる天国と地獄

「110番、坂本敏也。訓練工場！」

配食のとき、考査舎房の担当が配食孔の上の窓から、坂本くんに告げる。考査期間を面談や健康診断等で、あわただしく過ごした坂本くんは3週間後に訓練工場行きを言い渡されていたのである。考査房は紙折り等の軽作業なのでC食だが、訓練工場行きが決定すると、当日の朝食にB食が配食される。訓練工場も単純作業なのだが、作業の合間に『行動訓練』というのが実施される。

ここで刑務所内の諸動作等を、徹底的に叩き込まれるのだ。この行動訓練が、身体の鈍った懲役受刑者にはキツい。まず、行進訓練から始まって、ラジオ体操に天突き運動。訓練工場の担当によってハードさも変わるが、元来が不幸な星の下に生まれた坂本くん。先週までの仏のような優しい担当刑務官が移動になってしまい、坂本くんらの担当には、全国一厳しいとされる名古屋刑務所から転勤して来た、鬼刑務官が受け継いでいた。

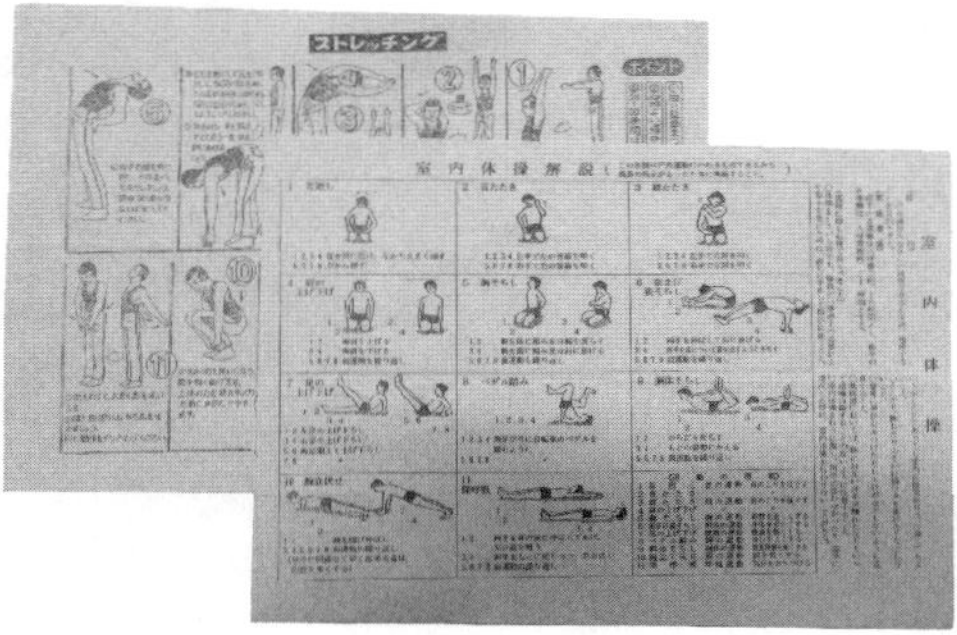

東京拘置所で閣下と呼ばれた田中角栄元首相が考案した(?)と言われている室内体操。

1週間の訓練工場で鍛えられ、坂本くんは佐渡島刑務所のエリート工場である第9工場に配役が決まる。佐渡島の民芸品などを製作する、木工場であった。

（チッ！生産工場か……どうせなら中央計算か、図書。炊場にいきたかったな）

エリート工場に配役されたのに、坂本くんは不満げである。

一般に刑務所の工場は、生産工場と経理工場の2つに分かれる。金属や木工などの物品の製造を行う工場を生産工場といい、中央計算工場（＝懲役受刑者の経理課）や図書工場（＝書籍を配本したりチェックする）、懲役受刑者の食事をつくる炊場工場など、懲役受刑者の生活をサポートする工場を経理工場という。

経理工場の特典は、刑務作業でありながら刑務作業が官よりのため仮釈放が多くもらえると噂されている。それに、刑務官のアシストする作業が多いため、懲罰にあげられることも少ないのだ。

そんなわけで、今回の配役には納得できない坂本くんだったが、入れられた舎房がよかった。雑居房の6人部屋でありながら、実に快適に過ごせる環境なのである。クセの悪い受刑者が、1人もいないのだ。

基本的に懲役生活で、一番大変なのが人間関係である。幸か不幸か、坂本くんは懲役を送るうえで、最高の舎房に入れたのである。もしかすると初犯の坂本くんのために、工場担当の刑務官が選んでくれたのかも知れない。新入イジメを不安に思っていた坂本くんは、入房から1週間で雑居生活にもすっかり慣れていた。

「あぁ〜今日も、1日終わったか」

還房後、食事を終えたテレビ視聴までのひととき。同囚の出野康明が独り言のように呟いた。

「起床点検シャリ3本、明けりゃ満期が近くなる、だね」

横にいた房長の野崎竜二が、出野に呼応するように答えた。

「一犯二犯は夢のうち、お茶漬けサラサラもう五犯、なんてね。ま、刑務所の狂歌もいいが、それにしても佐渡島のメシは不味いなぁ」

野崎が、なに気なく言った。

「処遇が厳しいのは我慢できるが、メシが不味いのはかなわん。オレは府中か月形に行きたかったよ」

野崎の言葉に、相槌を打つように出野はうなずいた。

「そうだ!!　この舎房は坂本さんを除き、全員が全国を股にかけた懲役太郎（＝前科三犯以上の刑務所の常連）じゃないか。暇つぶしに、みんなで全国刑務所グルメツアーでもやってみないかい？」

前科五犯の野崎は、目を輝かせながら言った。

「おぉ、そりゃ、面白そうだ!!　やろう、やろう」

舎房内は、全員一致で賛同の声があがる。

（おっ、なんか楽しそうだな）

懲役初体験の坂本くんは、興味深げに一同の顔を見た。

コラム

刑務所に入所するとダイエットできる理由

私の友人に、高田紀夫（仮名）という現役のヤクザがいる。２０１８年2月、懲役5年を青森刑務所で務めあげ、歌舞伎町に社会復帰した。高田氏は服役する前は体重１２５kgの巨漢で、風貌が貴乃花親方に似ていることから、同業者の間では〝高田花〟と呼ばれていた。私とは青森刑務所入所時から文通を続け、出所後すぐに連絡がきた。

「影野さん。今日って、時間あったりしますか?」

高田氏の放免祝いの誘いだった。まだ40代という若さからか、5年、いや未決を入れれば6年の服役生活の疲れを感じさせない、若々しい声だった。

「もちろん。ぜひ、参加させてもらいます」と、私は快諾した。

約束の時間を少し遅れて会場に着いた私は、放免祝いの座敷に上がった。席は満席だったが、肝心の主人公がいない。早く高田氏に会いたいという気持ちが先走り、近くに座っている人たちに「あのぉ〜、高田さんはどこに行ったんですか?」と、声をかけた。すると相手は突然、吹きだした。

「影野さん、ボケてるの？　高田さんは、アンタの席の横に座っているじゃない」

「エッ！」

そこには、現在のやせた貴乃花親方に似た高田氏がいた。

「な、なに、それ！　もしかして糖尿病？　今、体重何キロなんですか」

放免祝い云々より、高田氏の痩せたことが気にかかった。

「いえいえ、健康そのものですよ。今、体重63kgですから、ちょうど以前のオレが半分になったんです」


　私は、驚きのあまり目を見張った。まさにプリズン・ダイエットであった。いや、いくらプリズン・ダイエットだって、体重が半分になったなんて話は聞いたことがない。刑務所って、体重がそこまで減るような食事しか与えていないのかと、疑ってしまう。だが、そんなことはあり得ない。前述したように、法務省矯正局が発表した刑務所の1日の食事による接種カロリーは、男子刑務所ではA食が1日1600kcal（副食1020kcal）の2620kcal。B食が1300kcal（副食1

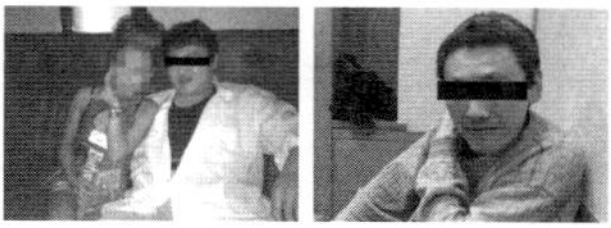

見事なまでのプリズン・ダイエット！

020㎉)で2320㎉、C食は1200㎉(副食1020㎉)の2220㎉となっている。


　ところがシャバでは、男性が1日に消費するカロリーは2200㎉〜2400㎉が一般とされる。つまり、刑務所の食事の摂取カロリーが、シャバでの男性の1日に消費するカロリーを超えているのである。これでは刑務所にいれば、逆に太ることになるはずだ。1日の摂取カロリーを、人の体内で消費するカロリーが上まわったとき、初めてダイエットすることができるのである。祝いの酒席で、なぜ刑務所で痩せるのかを議論した。

「やっぱり、就寝前に食べないからでしょうね」

　高田氏は、即座に答えてくれた。刑務所の夕食は、17時前後とされる。それから、翌朝7時の朝食まで14時間の間隔があく。その間、舎房に備えられているポットのお茶と水道水ぐらいしか口にできないのである。シャバなら食事を摂らず、酒を飲みラーメンでしめて、バタンキューで眠りに落ちる。これでは、いくら食事の摂取カロリーが少なくても太るのは当然だ。

　だが、出所時63kgだった高田氏も、出所8ヵ月を過ぎ、現在の体重は80kg。シャバの垢に染まり、徐々に体重を戻しつつある。

第三章　刑務所グルメ　中編

ご当地グルメも味わえる美味な献立が揃う刑務所もあり

塀の中でもグルメ話は大いに盛り上がる

初犯の坂本敏也くんと外国人受刑者2人を除き、全員が懲役太郎の雑居房6人部屋。とりとめのないムショ話が高じて、全国刑務所グルメ大会が開催されることとなった。主催者となるのは、当雑居房房長で前科五犯の野崎竜二。野崎は一同をゆっくり見回し、話し始めた。

「それではただいまより、全国刑務所グルメ大会を開催いたします。過去務めた刑務所で、これは美味かった。または、この刑務所のメシは最高だったなどという意見を、順番に述べてください」

坂本くんを含む日本人4人が、緊張した面持ちで野崎を見る。

「まず、出野さんからお願いします」

野崎は、前に座っている前科三犯の出野康明を指名した。

「え〜、ボクは月形と甲府に務めていますが、どちらもメシは美味かったですね。メシは府中が一番だと言われていますが、最近では月形が一番との声が圧倒的に多かったですね、未決でも……」

出野は、参加者4人の口火を切って話し出した。

「一般に北海道の刑務所はメシだけではなく、処遇面なども含めて日本一行状がいいと思います」

一同は、ウンウンと頷いた。

「オレも月形が一番だと思う。月形の長シャリ（＝麺類）は、シャバの店のものより美味いってね」

窃盗前科三犯の川端年男が、横から口を挟んだ。

「そうそう、麺も自家製だったけど、器もバッカン（＝汁食器）じゃなくって、普通のラーメン屋と同じようなドンブリを使うんだもん。シャバっ気も加わって、最高に美味いよ」


川端の意見に応じるように、野崎は言った。

「その話は、オレも聞いた」

「それに、刑務所では珍しい刺身も出るって…」

ところどころから、声が上がる。

「じゃあ、日本で一番メシの美味い刑務所は府中ではなく、月形で決定だね？」

「意義なし!!」

坂本くんら日本人4人が、同時に答えた。

過去、府中刑務所が日本一メシの美味い刑務所として君臨していた。かつて帝国ホテルのシェフが府中の炊場工場に服役していたと言われ、彼が腕を振るって作ったカレーは本物より美味いと絶賛されていたのだ。

しかし懲役受刑者の急増から府中のようなマンモス刑務所では飯盛りを機械によって行い、スピード化を計るため味気のないレトルト食品を多く出すようになった。その結果、ぬるくなった長シャリに水っぽいカレーやシチュー等、伝説とまでなった美味い府中のメシは影を潜めた。

「川端さん、じゃあ二番はどこだろう？」

野崎は、川端に尋ねた。

「オレは、福島刑務所を推すね。次は、宮城刑務所かな？」

「ほう、それはなぜ？」

野崎は、興味深げに尋ねた。

「福島は女子刑務所が増設されて、メシがすごく良くなったらしい。また宮城刑務所には、一流の料理人だった川俣軍司が炊場に配役され、それから格段にメシが良くなったって話だよ」

川端は、得意そうに話した。

福島のメシは美味いと、最近よく言われている。男女受刑者の増加から、新たに東北地区にできた女子刑務所の福島刑務支所。刑務所自体が大幅に改装され、舎房も新築同然、本当にきれいだという。炊場工場は男子刑務所にのみ設置され、女子刑務所の食事も一緒に作っているという。食事は大量に作れば作るほど、旨味が加わっていくと言われている。大量収容を余儀なくされている、月形や福島も例外ではないようだ。

今は観光地になっている網走刑務所。

「いや、やっぱり旭川や網走などの、北海道勢には敵わないよ。北海道地区のほとんどの刑務所で、刺身が出るって話だ」

札幌矯正管区では月形刑務所がダントツのトップであるが、長期刑務所の旭川刑務所も侮りがたい。旭川刑務所の食事メニューを考える栄養士が、新たにK子女史に代わってから食事が格段にうまくなったといわれている。長期だけにメシは美味いし、なんといっても高級品の「夕張メロン」がデザートに出るというから驚きだ。このように、地域の名産を出す刑務所は多い。

また、網走刑務所では「アイヌネギ」や「サル梨」などの網走の原生林から採れたものが出されるというし、札幌刑務所では「札幌ラーメン」が喜ばれるだけでなく、長シャリ類が充実しているという。

「宮城に福島‼　東北勢が、なかなかのものらしいよ」

仙台矯正管区では、宮城刑務所が群を抜いている。食事だけではなく、祭日食や運動会等の行事に出される特食は、その品数と量で他の追随を許さない。また秋田刑務所では「きりたんぽ」が出るし、山形刑務所ではデザートに「さくらんぼ」が配られるという。

「甲府や府中もメシが美味いと評判だよ。最近、府中のメシが不味くなったといわれているけど、やっぱり刑務所の王者は府中だよ、府中‼　ほら、府中大学って言われるほどだから……」

日本一美味いとされる「ぶどうパン」を擁する府中刑務所。だが東京矯正管区では、やはり長期刑務所の千葉の味付けは最高だといわれている。山梨の甲府刑務所では地元の名産「ほうとう」が振る舞われるし、横浜刑務所の「横浜うどん」も絶品との評価が高い。なんといっても、市原交通刑務所で醸造されている「市原味噌」に「市原醬油」が、全国の行刑施設で使われていることを知る人は少ない。
「名古屋刑務所は行状は厳しいけど、メシは美味いって……まさに飴と鞭を使い分けているみたい」

名古屋矯正管区となると、富山刑務所の「ホタルイカ」の酢味噌和えが絶品で、他にも日本海の新鮮な海産物が食卓を賑わしているといわれている。長期の岐阜刑務所も「カレー」と「味噌煮込みうどん」が最高、悪名高き名古屋刑務所でも中部地区らしく同じ「味噌煮込みうどん」が人気を博している。
「やっぱり、東の府中に西の大刑でっせ!!」

大阪矯正管区に移ると、やはりピカイチは大阪刑務所だろう。月曜から金曜までの朝食は、すべてパン食。水曜の「ぶどうパン」と金曜の「フルーツスクエアーパン」

は、掛け値なしに美味しいと評判だ。大阪でいう関東煮（＝おでん）には、今では高級食材になった鯨の「コロ」が入っているという。

　また京都刑務所の天ぷらは品数が豊富で受刑者に喜ばれているし、レトルト食品もインスタントにしては味わい深く、高い評価を得ている。「岡山の桃、四国香川の讃岐うどんさ」

　中四国地方に君臨する、広島矯正管区と高松矯正管区。刑務所のアイドル「Ｐａｉ×２」の地元、鳥取刑務所では名産の「二十一世紀梨」が出るし、岡山刑務所では「桃」が出される。

　四国では、なんといっても高松刑務所の「讃岐うどん」に、高知刑務所の「鰹のたたき」。長期刑務所である徳島もメシは良いらしく、ふんだんに調味料を使った濃い

刑務所の朝食。出所直前のメニュー。カメラを持ち込んだ受刑者による隠し撮り。

味付けで有名。中でも「麻婆豆腐」は最高の味とか……他にも松山刑務所の「愛媛みかん」などが知られている。

「日本最南端の刑務所、沖縄では本格的な沖縄料理が堪能できるそうな」

九州の福岡矯正管区では、福岡刑務所の「博多ラーメン」に、長崎刑務所の「皿うどん」、宮崎刑務所の地鶏料理など、地域の名産物が多く出されるようだ。

圧巻は沖縄刑務所で、「ゴーヤチャンプル」「ミミガー」「ソーキーの三枚下ろし」と、沖縄料理好きには堪えられないメニューとなっている。しかも、おやつには「サーターアンダギー」が出されるという。

もう、野崎が指名するどころではない。懲役受刑者が各々、勝手に意見を出し合っている。堪りかねて、野崎がみんなを制止した。

「これじゃ、収拾がつかない。各自がメモに書いて提出して、それを多数決で選ぼう」

「賛成〜!!」

一同は、野崎の意見に同意した。

「じゃあ、坂本さん、順位を発表して!!」

野崎は票を集め、坂本くんに渡した。

「はい、これです」

坂本くんは手際良く便箋用紙に票をまとめ、全国刑務所のうまい飯ランキングを発表した。

食物の嗜好には好き嫌いがあり、一概にこれが正しいとは言えないが、多くの懲役受刑者のアンケート結果が次の通り。

●全国刑務所のうまい飯ランキング●

《男子刑務所編》

1	月形刑務所
2	宮城刑務所
3	福島刑務所
4	甲府刑務所
5	神戸刑務所
6	府中刑務所
7	沖縄刑務所
8	旭川刑務所
9	徳島刑務所
10	大阪刑務所

《女子刑務所編》

1	麓刑務所
2	笠松刑務所
3	福島刑務支所
4	札幌刑務支所
5	和歌山刑務所
6	栃木刑務所
7	岩国刑務所

※少年刑務所(26歳以下の受刑者を収監する)や、社会復帰促進センターは含まれていません。

コラム

受刑囚に人気が高い北海道。その理由とは?

未決囚に「服役したい刑務所はどこか」と問えば、即座に「北海道の刑務所なら、どこでもいい」と、いうだろう。それほど、北海道の刑務所は人気があるのだ。

現在、北海道の札幌矯正管区には、旭川、網走、帯広、釧路、札幌、月形、函館の7つの刑務所(少年院等を除く)がある。一般には、ほとんどといっていいほど冷暖房が使用されない、刑務所の中。加えて高い塀に囲まれ、鉄骨と分厚いコンクリートで建造された強固な刑務所の舎房は、夏はむし暑くジッとしていても汗が拭きだし、逆に冬はジッとしていられないほど寒い。懲役とは、「懲らしめる役」と書く。犯罪を犯した受刑者を、懲らしめることなく楽しい懲役生活を送らせれば、犯罪者は後を絶たないだろう。生活環境を厳しくするのは、矯正教育の一環でもあるのだ。

だが、極寒の地・北海道は違う。冬場は氷点下-30℃を超えるという旭川刑務所などは、舎房内に暖房設備がないと凍死してしまうという寒さである。月形刑務所も札幌刑務所も、似たりよったりの環境だ。実際、過去には凍死者がでたこともある北海道の刑務所。だから、北海道の刑務所は暖房を惜しみなく使う。

「ボクが務めた旭川刑務所では、一度も寒いって思いをしたことはありませんでしたね。廊下でも空調で暖房がガンガンきいているし、舎房の中にはスチームのストーブがあり暑いぐらいで、免業日（刑務所の休日）はTシャツ1枚で過ごしていましたよ」

長期の旭川刑務所で、懲役通算13年を過ごした田口正則（仮名）氏は、このように語る。同じように、暖房に恵まれている札幌刑務所に服役経験のある鹿児島太（仮名）氏は、未決時代を振りかえって、こう語る。


「最初、ボクは初犯だったので、地元の府中刑務所を希望したんです。同じ東京だし、妻にも面会に来てもらえるから……。でも、それは間違っていました」

東京だから、雪国の刑務所よりは暖かいだろうと思っていた鹿児島氏。だが実際、府中に送られてその寒さを経験し、「これじゃ凍え死んじまう」と、思ったという。それほど、府中刑務所の寒さは尋常ではないのだ。

「でも、別の余罪が出て、いきなり札幌刑務所に移送。札幌地裁で裁判を受け、懲役10カ月の判決でした。また東京に戻してもなんですから、そのまま札幌刑務所に服役することになったのです」

だが、東京地裁での判決が5年4カ月だった鹿児島氏は、札幌刑務所で別件の10カ月を務め、すぐに前の残刑を務めるために府中刑務所に逆送されたという。

「札幌刑務所は、メシもうまく特食もいい。道産子気質っていうのかな。刑務官の人柄が良かったし、環境がいいから受刑者同士のトラブルも少ない。なによりも、夏は涼しく過ごしやすいのが一番でした」

刑務所内で、最もケンカが多発するのは、夏処遇のときである。就寝時や整列するとき、汗ばんだ手や身体が触れただけで、ケンカにまで発展してしまう。受刑者にとっては、寒さより暑さの方が耐え難いようだ。ゆえに既決（刑の確定）になれば、既決囚のほとんどが北海道の刑務所を移送先として希望するのである。

第四章　刑務所グルメ　後編

自由を束縛されることで人は創意工夫をつきつめる

不自由だからこそ発揮される創意工夫

平成18年（２００６）5月24日、１００年近く刑務所を支配してきた「監獄法」が廃止され、受刑者の処遇面を抜本的に見直した「受刑者処遇法」が施行された。施行後、面会や手紙の発受信に対する規制はなくなり、血縁関係がなくとも誰でも懲役受刑者に面会ができるようになった。

刑務所内の処遇も、更生のための教育的処遇日を月2回設けたり、集会への参加資格が緩和されたりと驚くべき改革であった。中でも改正前は週2~3回程度だった運動の時間が、毎日40分も設けられたのは懲役受刑者には嬉しい限りであった。

「昨晩のグルメ大会、面白かったですねぇ~。ボクも月形に行きたくなりましたよ」

運動の時間は、懲役受刑者の情報交換の場。坂本くんは、房長の野崎と雑談に講じていた。

「オレは月形の中央計算（＝刑務所の心臓部にあたる経理工場）にいたんだけど、最高だったよ。メシは美味いし、仕事は楽だったし……」

野崎は、まるで故郷を懐かしむかのような口調で話した。

「野崎さんは前科五犯でしょ⁉　確か、月形、網走、府中に……徳島でしたっけ？」

「あぁ、よく覚えてるな。坂本さんは佐渡島以外だと、東拘（＝東京拘置所）だよな？　だったら、未決でいろいろ遊びができただろう？」

「へっ？」

坂本くんは、驚いたような表情をした。

「東京拘置所は、日本一差し入れや自弁購入が充実しているんだ。未決は受刑者と違い刑務作業がないから、暇つぶしにいろんな悪さをするんだ。たとえば、施設ならではの創作料理とか……」

「へえ〜、そりゃ面白そうですね。でもボクは独居でしたから、毎日1人で手紙を書いたり、本を読んだりで過ごしました」

坂本くんは、残念そうに話した。

実際、未決囚の1日は暇との闘いである。未決囚には懲役受刑者と違い労働することも、労働することによって与えられるテレビ視聴や慰問等の特典も一切ない。自由を抑圧され、命令口調の刑務官に完全管理。そんな中で考えることといえば、官へのレジスタンスから行われる反則行為ばかりである。不正に創作料理を作るだけでは飽き足らず、タバコや酒まで造ったりするのだから、その想像力は驚嘆に値する。

「明日は祭日だから、確か特食で『ポテトッチップス』が出るよな?」

野崎は、坂本くんに確かめるように尋ねた。

「はい」

坂本くんは、小さく頷いて答えた。

「それに明後日は土曜日でパンの日だよな」

「は、はい」

「じゃあ三連休を利用して、刑務所で一番有名な創作料理を作ってみるか？」

「ほ、本当ですか⁉」

好奇心旺盛な坂本くんは、嬉しそうに答えた。免業日（＝土日の休日）や、祭日の刑務所の朝は遅い。とは言っても、平日午前6時40分の起床が30分遅くなり、7時10分起床となるだけである。

だが懲役受刑者にとって、この朝の30分は大きい。起床の音楽が鳴ると、舎房の全員が普段よりのんびりと起き上がり、自分の布団を畳んだ。

◎刑務所の一日

《平日と免業日（土日祝祭日）》

起床	6時40分 （7時10分）
点検	6時45分 （7時15分）
朝食	6時55分 （7時30分）
出役	7時40分 ―
作業開始	8時 ―
運動	9時 （9時）
休憩	9時30分 （9時30分）
昼食	11時30分 （12時）
休憩	14時30分 ―
運動	15時 （15時）
作業終了	16時20分 ―
夕食	16時 （16時50分）
最終点検	16時30分 （17時）
仮就寝 自由時間	19時(冬季は18時) （19時(冬季は18時)）
就寝	21時 （21時）

※各刑務所によって、また工場や夏季冬季処遇によっても多少違いはあります。
（　）が免業日

あくなき探究心が生んだ刑務所創作料理

「いいか、今日配食されたポテチーは食わないで、明日の夕方まで残しておくんだぞ」

野崎は、眠そうに歯を磨いている坂本くんの横に来て囁いた。

「は、はぁい」

坂本くんは、口から歯磨きの泡を飛ばしながら答えた。


「配食～!!」


翌日夕方、炊場工場の配食係が大きな声で配食を告げた。

「さぁ、パンだ、パンだ」

老いも若きも、懲役受刑者にとってはパン食は一番の楽しみである。坂本くんの房の同囚らも、嬉々としてパンをテーブルに運んでいる。

「はい、ボクはA食。隣の坂本くんは、B食っと……」

坂本くんより少し前に入った、前科三犯の堀田一樹は手際良く食パンを並べた。堀田は3日前から危険作業に任命され、食等がB食からA食に変わっていた。佐渡島では毎週末はパン食で、パンの種類は食パン。A食は食パン4枚で、B食の3枚より1枚多い。それだけでも、懲役受刑者には大変嬉しいことなのだ。この日の夕食は、食パンに良寛コーヒー牛乳、甘シャリ（＝ぜんざい）、ジャムバター、スパゲッティーナポリタンが出た。一週間に一度の甘シャリの日、みんなの顔も喜びに満ちあふれている。

「いっただきま〜す‼」

一同は、食パンにかぶりついた。その時、野崎は洗い場の下に隠しておいたポテトチップスを取り出し、舎房に備え付けの汁食器に入れて細かく砕いた。そしておもむろにソースをかけ、ゆっくりとかき混ぜる。

「坂本さん、食パン2枚を出して」

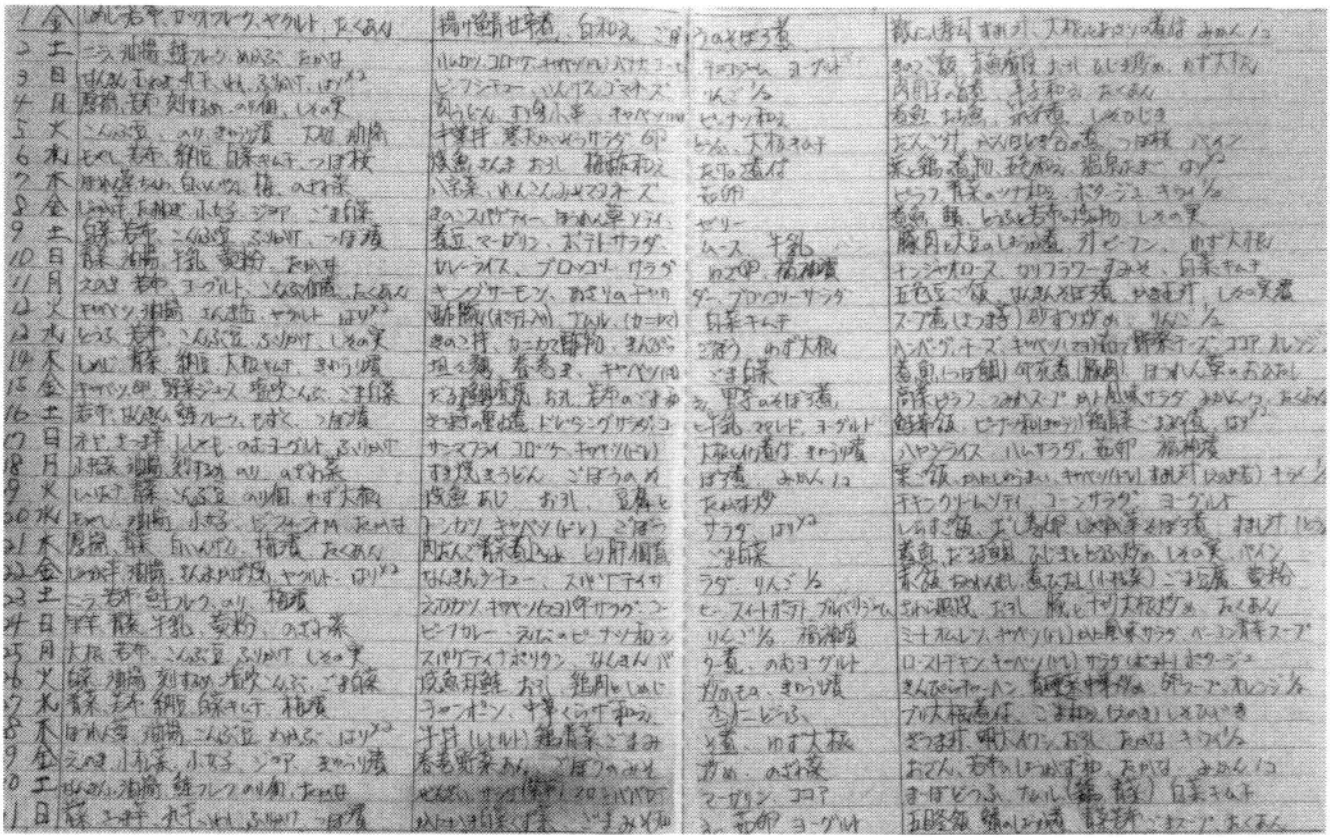

女子刑務所の献立を細かく書き写したもの。

「えっ⁉」

坂本くんは、驚いたような表情で野崎を見た。

「あっ、坂本さんはB食か…だったら、1枚でいいや。もう1枚はボクからプレゼントするよ」

坂本は、自分の食パン3枚と坂本くんの1枚をテーブルの上に置き、下敷きで耳を切った。

「ほい、食パンの耳は甘シャリに入れて食べるんだ」

「あ、ありがとうございます。それにしても、下敷きできれいに切れるもんですね⁉」

　坂本くんは、珍しそうに下敷きを見た。

「あぁ、この下敷きの端は、コンクリートで磨いて刃をつけているんだ」

　野崎は、ソースを絡めたポテトチップスを食パンに挟みながら答えた。

「本来は、味の素や辛子なんか入れるといいんだけど…」

　野崎は、対角線を引くように食パンを切った。

「はい、できあがり‼」

　野崎は周囲を見回し、すばやく坂本くんに渡した。坂本くんは怪しげなものでも食べるように、そっとかぶりついた。

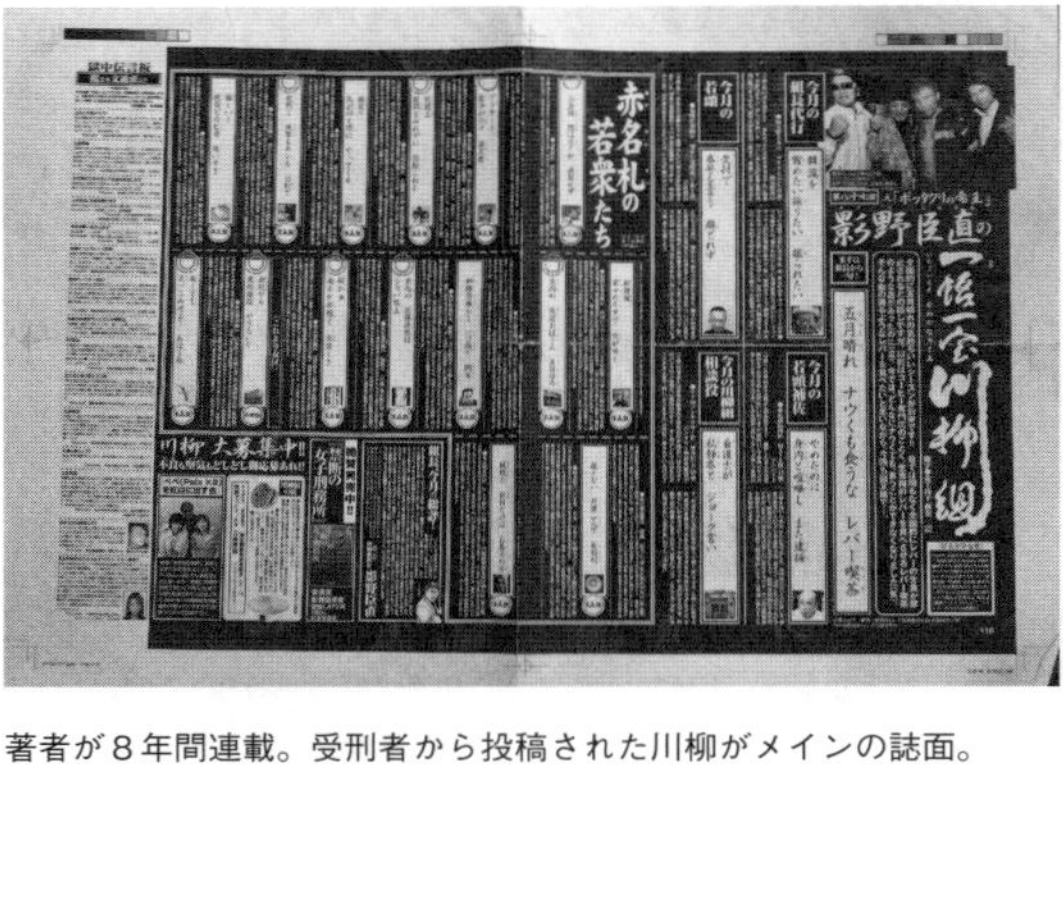

著者が８年間連載。受刑者から投稿された川柳がメインの誌面。

「う、うまい!!　美味いっすよ、これ……まるっきりカツサンドです」

坂本くんは、思わず叫んだ。

「だろ⁉」

野崎は、得意げに胸を張った。懲役囚の食に対する飽くなき探究心が、様々な塀の中の独創的な創作料理を生んだ。

カツサンド以外では、らっきょうの汁を使って酢飯を作り、納豆、厚焼き玉子、カニ缶、貝缶、さんま缶などをネタにする東拘寿司。味のりで上手く巻けば、のり巻きもできる。わさびの代わりとなるのは、わさび漬けだ。

また、カップラーメンの具を取り除き、お湯を注いで3分間待つ。茹で上がった麺を10分ぐらい水で冷やし、らっきょうの汁と醤油で味付けして、冷やし中華のできあがり。余ったスープと具は、お湯を入れ、中華風のスープとして飲む。東京拘置所ではこのような創作料理の数々が、未決房で語り継がれているのだ。

「と、まぁ、こんなところかな!!」

野崎の創作料理を聞いて、坂本くんは唖然とした。そこに、出野が口を挟んだ。

「いや、創作料理は東拘だけではないよ。オレがいた名拘（＝名古屋拘置所）にも、納豆スペシャルキムチ丼というなかなか美味い創作料理があったよ」

「ほう〜!!」

野崎と坂本くんは、ほとんど同時に声を上げた。

「醤油を多めに入れた納豆、キムチ、ホタテ缶、福神漬けを用意し、ご飯の上に載せるんだ」

「ふんふん」

「それに、味の素と七味をかけてよくかき混ぜてできあがり。具が、ご飯に合う食材ばかりを選んでいるから美味いんだ」

出野は、自信満々に話した。

「創作料理の決め手となるのは、やっぱり味の素でさ。味の素さえあれば、少々不味い味つけでもなんとかなるものさ」

出野の言葉に、一同は大きく頷いた。

「だけど、刑務所は味の素を使わせてくれない。不味いメシでも、懲役に来てるんだから我慢しろ!!　てなもんなんだろうね」

野崎が、ポツリと言った。

「だから、不味いメシを美味くするために調味料まで創作してしまうんだろうね」

「えっ、味の素まで作っちゃうんですか?」

坂本くんは、驚いたような表情で叫んだ。

「いやいや、さすがに味の素は作れないけど……」

「じゃあ、なにを作るんです」

坂本くんは、野崎の言葉を遮るように尋ねた。

「焼肉のタレとか、ラー油とかさ！」

「焼肉のタレに、ラー油？　どうして作るんですか？　教えてくださいよ!!」

興奮した坂本くんは、テーブルの上に身を乗り出していた。

コラム

刑務所内で流行した創作料理・未決拘置所編

食べることだけが楽しみの刑務所生活。毎週、同じようなメニューだけに、新たなる味を求めて創作料理に手を出す受刑者は多い。その数例をピックアップしてみよう。

まず、創作料理が一番楽しめるのは、未決の拘置所の中だろう。未決であるがゆえ、お菓子や缶詰等の食料品やマヨネーズなどの調味料がいろいろと購入できる。大阪拘置所の創作料理には、「激辛みそラーメン」というのがある。これは、カップヌードルにお茶を少し入れ、底の部分を柔らかくし、取り出した麺と具を、配食の味噌汁の中に入れる。そこに〝ぼんちあげ〟を5～6個、砕いてトッピング。さらに購入した唐辛子の小袋10袋ほど入れれば完成。刺激物がでることが少ない塀の中。この激辛みそラーメンの評価は高い。このように創作料理を考えているうちに、意外な食品同士の組み合わせがベストマッチすることもある。

中でも笑えるのは、名古屋拘置所で流行った「漬物サン

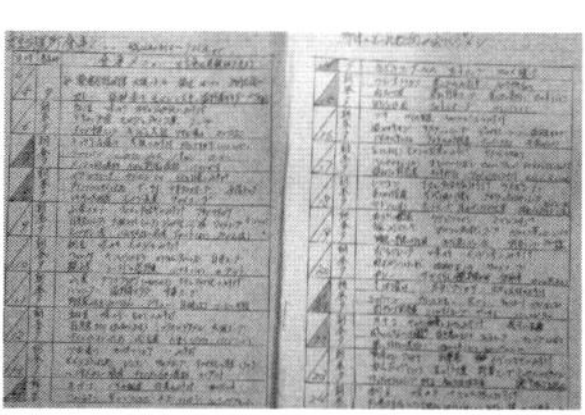

東京拘置所内で実際に使用されているメニュー表。健康のためか極薄味。

ドイッチ」。作り方は、いたって簡単。まず、ラッキョウを粉々に砕き、それにマヨネーズをまぶし、七味唐辛子を和えると完成。簡単でしかも美味。さらに旨味を追求したいのなら、カラムーチョを粉々にして入れるか、マーガリンをベッタリ塗ると味に深みがでるそうな。

次は青森刑務所の拘置区で流行った、創作料理2品を紹介しよう。まずポテトチップス・ガーリック味の袋に、爪楊枝で細かく穴を開ける。それから、その袋を両手で挟んで、中身を粉々につぶすのである。できあがったものはフリカケとして使えるし、朝食の味噌汁に振りかけると〝ガーリック味噌汁〟として絶品の味になるという。

もう一品は「辛々カツサンド」。ネーミングからしておいしそうである。食材は、牛肉の缶詰とカラムーチョのみ。まず、カラムーチョを砕いてカツのコロモにする。それを牛肉にまぶし、パンに包みこむ。あとは、納豆についている洋カラシをソースで溶いて、カラムーチョカツに塗って食べるだけ。

とまぁ、次々に出てくる創作料理の数々。ここに紹介したのは、主に刑務所内の拘置区でつくられたものだから、担当に見つかっても懲罰の心配はない。だから、裁判待ちで時間を持てあましている方は、ヒマつぶしに試してみても面白いのでは（笑）。

第五章　刑務所グルメ　番外編

禁じられた嗜好品は蜜の味
懲罰覚悟で創作に走る欲望心

酒やタバコも製造してしまう凄まじき執念

「おいおい、なに興奮してんだ!!　落ち着きなよ、坂本さん」

野崎は、興奮して身を乗り出した坂本くんを制した。

「あっ、すいません」

坂本くんは野崎に言われ、慌てて座り直した。

「そうだなぁ～調味料と言っても、大したものは作れないよ。何しろ材料が限られているからね……」

「はぁ」


坂本くんは、ガックリと肩を落とした。

「簡単で手頃、しかも使いでがあるというなら、やはり焼肉のタレ、かな⁉」

「そうでしょう、そうでしょう」

野崎の言葉に、近くにいた出野は相槌を打った。

「用意するものは、醤油と甘露飴のみ」

「えっ、それだけで焼肉のタレができるんですか？」

「あぁ」

野崎は、鷹揚に頷いた。

「甘露飴をさ、醤油に漬け込むだけでＯＫ。かき混ぜて、とろみが出ればできあがり」

「なんスか、たったそれだけで……」

「あぁ、完成だよ」

「………」

坂本くんは、呆然と野崎を見た。

「以前、集会（＝3類以上の懲役の集まりで、お菓子が食べられる）に甘露飴が出たんだ。こっそり持ち帰って、焼肉のタレを作ったんだ、なぁ」

野崎は、出野に言った。

「そうそう、ちょうど夕食に天婦羅が出たんで、早速使ってさ。美味かったなぁ〜」

調味料が醤油とソースしかない刑務所では、創作焼肉のタレは重宝される。おかずにかけるも良し、ご飯にそのままかけても、エビ天なしの天丼みたいで実に味わい深い。焼肉のタレというより、むしろ焼き鳥のタレの味に近いかも知れない。

「じゃあ、ラー油はどのようにして作るんです」

坂本くんは、ワクワクしたような表情で野崎に尋ねた。

「これは、ちょっと難しいからな。今調べるから、少し待って……」

野崎はおもむろに立ち上がり、自分の私物棚からノートを取り出し、パラパラとめくった。

「あったあった、これこれ」

野崎はノートを開き、坂本くんの前に広げた。坂本くんは、目を輝かせてノートを読み始めた。

「なになに……空になった醤油のペットボトルに、七味、シーチキン、ゴマ塩、醤油を用意する」

ラー油作りは塀の中の創作料理の中でも、かなり難易度の高いものだ。まず、ラー油を保存する容器作りから始まる。空になった醤油のペットボトルの口の部分を、スプーンや糸を使って切り取り七味を入れる。更に、ゴマ塩のゴマだけを集め、スプーン等で潰し、ペットボトルに入れる。シーチキンの油を布巾等で濾して、それもペットボトルに入れる。隠し味として醤油を少々たらし、ボトルに蓋をし、約3日ほど熟成してできあがり。この時、ラー油の中にシーチキンのカスが混ざってしまうと、腐ってしまうこともあるので注意が必要だ。

「す、すごい!!」

坂本くんは大きく目を見開き、ノートの提供者である野崎を見た。

「だろ？　未決の時、こんな創作料理のレシピを一杯持っている人がいて、中でも印象的なものを教えてもらったんだ。その人は今、青森に務めているらしいけど、刑務所創作料理の本を書きたいって言ってたっけ」

野崎は、当時を懐かしむかのように語った。

「餃子にラー油だけじゃない、醤油に混ぜてご飯にかけてザクザクと食う。多少油っぽいけど、刺激物の少ない塀の中じゃ美味いよなぁ」

出野は、うっとりとした表情で言った。出野の言葉に呼応するかのように、一同が頷いた。

「メシをかっ込んだあとタバコの一服でもあれば、どんな長い懲役でも我慢できるのに……あぁ、タバコが吸いてぇ～!!」

出野は、大袈裟にタバコを吸う仕草をした。その時、野崎が叫んだ。

「そうだ、出野さん!!　今日は晩メシにバナナが出るよ。どうだい、ゴールデンウィークも近いし、懲役タバコでも作ってみるかい？」

野崎は、意味ありげに微笑んだ。

「なるほど!!」

出野は、嬉しそうに答えた。

「おや、野崎さん。ゴールデンウィーク初日の昼食に、リンゴジュースも出るよ」

メニューをチェックしていた出野は、いきなり振り返って野崎に言った。

「出野さん、それじゃ……」

「酒もつくれますね!!」

野崎の言葉を途中で遮り、出野は嬉々とした表情で言った。そして2人はお互い顔を見合わせ、ニンマリとして頷いた。

「な、なんですか、酒にタバコって?」

坂本くんは、2人に尋ねた。

「………」

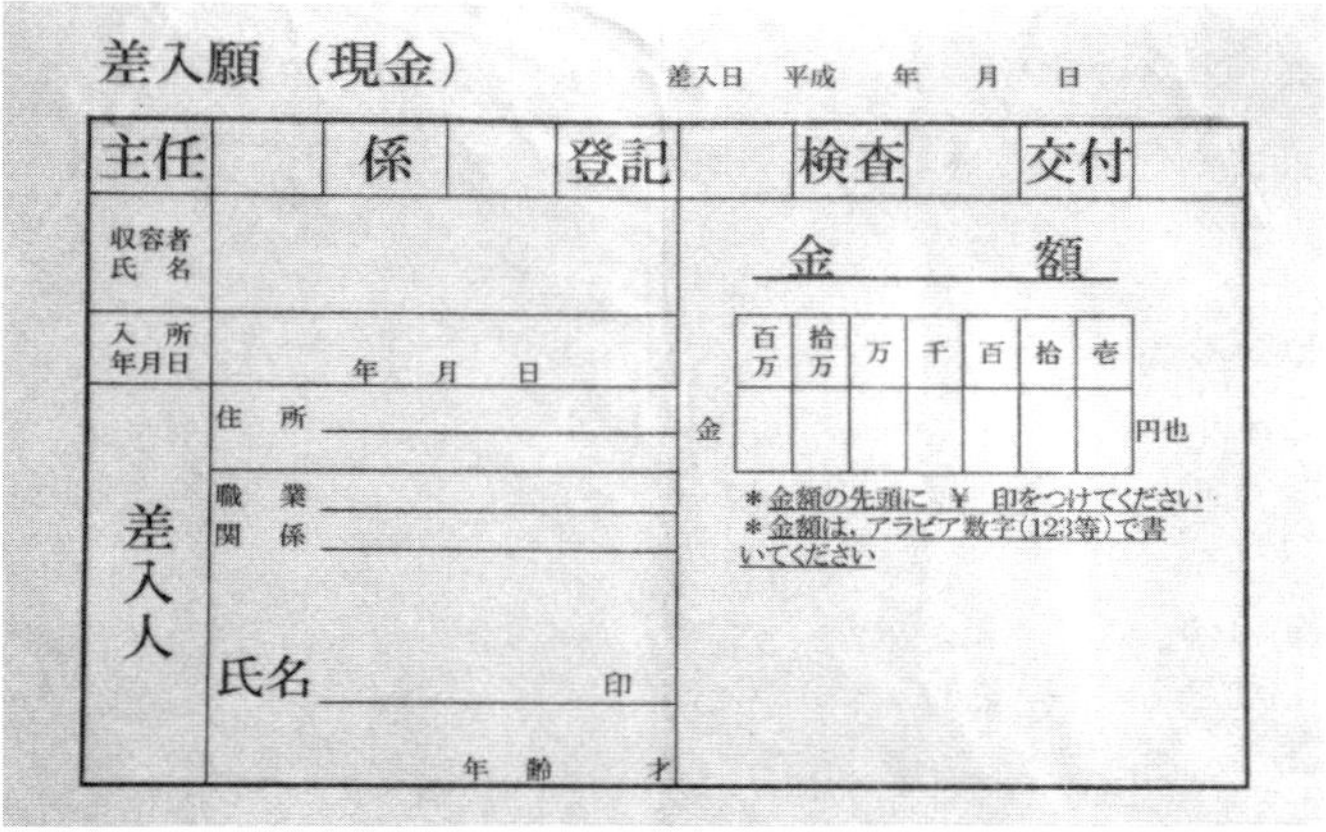

差入願（現金）

差入日　平成　年　月　日

主任		係		登記		検査		交付	

収容者氏名

入所年月日　年　月　日

差入人
住所
職業
関係
氏名　印
年齢　才

金額

百万	拾万	万	千	百	拾	壱

金　円也

＊金額の先頭に　￥　印をつけてください
＊金額は，アラビア数字（123等）で書いてください

受刑者に差し入れをするために記入する用紙。

2人はニヤニヤと笑うだけで、坂本くんの問いに答えない。やがて、ゴールデンウィークの初日がやってきた。

「坂本さん、このゴールデンウィーク中に、刑務所タバコと酒を飲ませてあげるよ。ただし、絶対に口外しないこと!!　万が一、ツマれても（＝懲罰にいくこと）も、責任は自分で被ること。約束できるかい？」

野崎は、厳しい表情で坂本くんに話しかけた。

「は、はい、大丈夫です」

坂本くんは、普段柔和な野崎の変貌ぶ

りに気圧されながらも、即座に答えた。

「それじゃ、これから酒とタバコの作り方を教えるよ」

野崎は、笑顔で話し始めた。

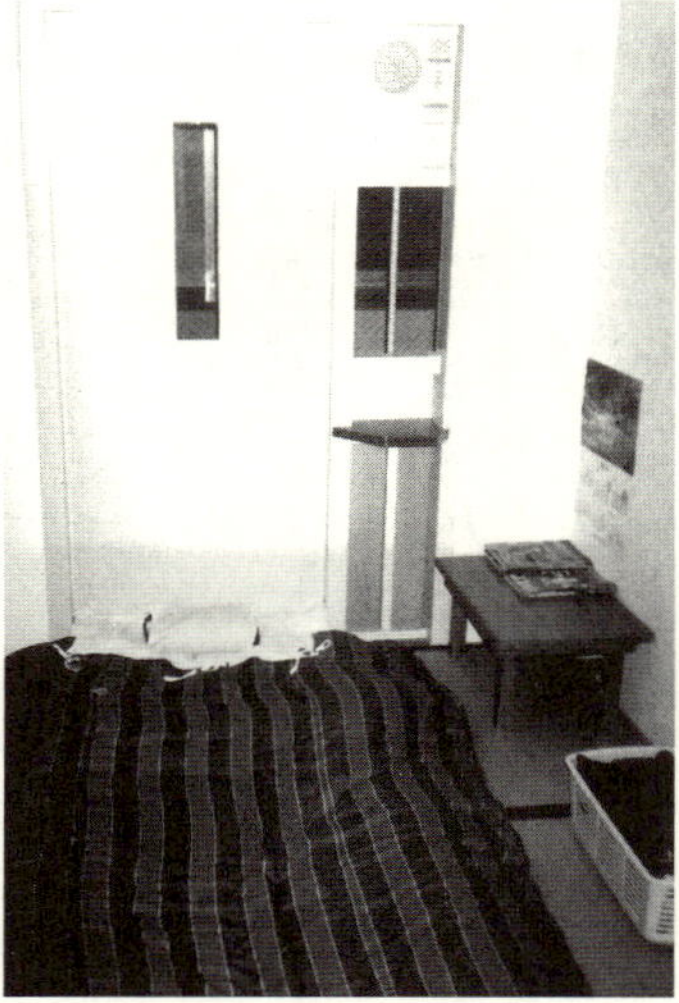
布団、小机、頑丈な鉄扉で囲まれた独居房。受刑者による撮影。

刑務所の中で不正に物品を作る時は、製造日程を決めなくてはならない。今回のように酒やタバコなど製造に時間がかかるものは、平日なら隠しておいても舎房捜検で発見され、一発で懲罰行きとなる。だから、正月やゴールデンウィークなど長期間工場に出役しない祝祭日を選ぶのだ。

「まず、タバコは簡単さ。バナナの皮の繊維質の部分を剥がし、しばらく干すだけ。黒くカパカパになったら、細かく砕いてできあがり」

「へぇ〜」

坂本くんは、感心したような顔で野崎を見た。

「辞書を破って、バナナタバコを巻く。噂じゃ、三省堂の辞書で巻いたタバコが、一番美味いって言われているんだ」

出野が、横から口を挟んだ。

「酒はリンゴジュースを集め、パンのイースト菌で発酵させて造るのさ。ほら、今日工場から盗んで来た、これに入れてさ」

野崎はポケットから、商品梱包用のビニール袋を2〜3枚取り出し、坂本くんに見せた。

「幸い、この房は坂本さんと外国人受刑者を除き、懲役太郎ばかりだ。酒タバコの製造に、みんなが協力してくれるって」

「えっ、それじゃ……」

「あぁ、ゴールデンウィークの最終日は、酒とタバコで宴会だ」

野崎は、満面に笑みを浮かべ言った。

「ば、万歳～!!」

坂本くんは、思わず叫んだ。

刑務所内で酒の醸造やタバコの製造に携わる時は、同囚の協力と理解が必要だ。数人で作らなくては材料もまったく足りないし、チンコロ（＝密告）された日には、全員が懲罰を余儀なくされる。

だからこそ、尚一層の団結が必要なのだ。また酒の醸造、タバコの製造におよそ1週間はかかる。狭い刑務所内の雑居ゆえ、1人でも反対者がいると製造は困難を極める。

「バナナの皮の繊維質は換気口のところに便箋を敷いて、その上で乾燥させよう。リンゴジュースは人数分をビニール袋に入れ、パンの固まりを入れたら、洗面場の下に置いてあるバケツに入れて隠す。念のため、濡れ雑巾を被せることを忘れないように」

野崎は、テキパキと指示を出す。このあたりが、前科五犯の貫禄である。

「あっ、パンの固まりは、一度冷ましたお茶に浸けてから団子状にしてね。そうすると、カビが生えにくいっていうから……」

懲役の知恵を、惜しげもなく披露する野崎。みんなで一通りの作業を済ませたあと、突然、坂本くんが野崎に尋ねた。

「あっ、タバコはいいですけど、火はどうして点けるんです？」

坂本くんは、困ったような表情をした。野崎は待ってましたとばかりに、ニヤッと微笑んだ。

コラム

舎房内で人気の創作料理と嗜好品事情

過去、日本の刑務所では、食中毒がよく発生していた。その食中毒を起こした原因の多くは、朝食ででた生タマゴとされた。そして、いつしか生タマゴは、受刑者の食卓から姿を消した。しかし、食べられないとなれば、食べたくなるのが人情である。

どうしても朝には、タマゴかけごはんが食べたいと、鳥取刑務所内で考案されたのが「刑務所タマゴかけごはん風」だ。調理（？）はいたって簡単。タマゴの代わりに牛乳を麦シャリ（麦飯）にかけ、それを醤油でまぶして食べるだけ。日本人のソウルフードである、タマゴかけごはん。いつか刑務所の中でも、生タマゴが食べられる日がくれば、と全国の受刑者たちの願いは強い。

また、長期のB級刑務所である岐阜刑務所では、〝なんちゃってピーバター〟という創作料理がある。これも、手軽にできる刑務所料理の1つだ。パン食の日に、キナコ（刑務所ではキナコがよく出る）をマーガリンと混ぜ、パンに塗るだけ。ピーナッツバターパンになるそうな。さらに、チーズがついていれば、これをはさんで食べるとうまさが倍増するという。

そして名古屋刑務所では、特食で出たチョコレートを細かく砕き、ごはんにかけ〝チョコごはん〟のできあがり。どこがうまいって？　甘味に飢えている懲役受刑者には、なんでも〝ゼンザイ〟か〝おはぎ〟と思って食べればいいのである。

同様に、大分刑務所では夏の特食アイスクリームやカキ氷をごはんに混ぜて、「いちごフロート」と称しうまそうに食べていた強者がいたという。

呆れるほどスゴいのは、自分の入れ歯安定剤「ポリデント」の一片をハミガキ粉でまぶし、「懲役ガム」だと食べていた受刑者もいたということ（笑）。

ここまでくれば、もうヤケクソのように思えるが、それほど懲役受刑者の食への飽くなき探究心はすごいのである。

食事ばかりでなく、嗜好品もつくってしまうのが刑務所の中だ。たとえば、おなじみの酒とタバコ。初犯刑務所の滋賀では、懲役経験のない受刑者ばかりなのに、なぜか酒とタバコを楽しんでいる。この場合の楽しみというのは、普段イジメられている刑務官らに対してのレジスタンスでもあるのだ。

まず、酒からいこう。滋賀刑務所の自弁購入品にはマンダムの整髪料「GATSB

Y」がある。これが、酒でいう麹にあたる。熱いお茶に「GATSBY」を入れ、鼻の前で匂いを楽しみ、これを一気に飲み干す。ちゃんとした酒の味がし、口あたりがいいから飲みすぎると酔っぱらってしまうという。さらに、特食等でオレンジジュースが出たときは、「GATSBY」のオレンジジュース割りは、シャバのカクテルよりうまいという声も聞かれるほど。

続いては、おなじみの刑務所タバコだ。これに至っては、本文中でも書いた「バナナタバコ」が有名だが、グレープフルーツでもつくれるのである。いや、むしろグレープフルーツタバコの方が、量も多く味わいにカラ味があって、「バナナタバコよりうまい！」という受刑者も多い。

作り方は、バナナタバコとほぼ同じ。まず、グレープフルーツの皮の内側の白い肉の部分を集める。それを乾燥させて、黒くなったら完成だ。「三省堂の辞書」で巻くのが一番うまいというが、「小六法」で巻くとセブンスターの味がすると評判だ。

どうです、この発想力と創意工夫。やはり懲役受刑者は、刑務所という陸上にある絶海の孤島で生き抜くサバイバーなのである。

第六章　刑務所の知恵編

刑務所暮らしはまさにサバイバル 生き残りの智恵がモノを言う

火気厳禁のムショ内でも火は起こせる！

「どうやって火を点けるか、だって？」

野崎は坂本くんの質問に、思わずニヤリと微笑んだ。

「そもそも、閉鎖された刑務所の中のことを世に知らしめたのは、安部譲二の『塀の中の懲りない面々』が最初じゃないかな⁉」

野崎は、坂本くんに向かって言った。坂本くんは、小さく頷いた。

「塀の中の懲りない面々の中で安部譲二は、火の点け方をレクチャーしている。それが、『デンパチ』という方法だ」

「で、デンパチ？」

坂本くんは、聞き慣れない言葉に首を傾げた。

「昔は舎房の天井の蛍光灯を外し、電極部に針金を差し込みショートさせ、出た火花で火を点けたらしい。今はできないけどね」

野崎は、天井の照明を指差した。

1985年、安部譲二が書いた「塀の中の懲りない面々」は大ベストセラーとなった。過去にこれだけ詳しく、また面白おかしく懲役生活を書き綴った本はなかったはずだ。

刑務所のスラングである『懲役太郎（＝懲役3回以上の刑務所の常連）』『ウカンムリ（＝窃盗犯の蔑称）』『ハト（＝不正に連絡すること）』から、親指を立てて浴槽に入る『刑務所式入浴法』や、今もなお刑務所の工場で実施されている全裸での身体捜検『カンカン踊り』などの特殊な刑務所世界を、余さず暴露したのだからセンセーショナルな話題を呼んだ。中でもデンパチは、当時の一般読者のド肝を抜いたのではなかろうか？

だが、デンパチには思わぬ事故も多い。火花を起こす加減が分からずヒューズを飛ばし、全舎房を停電させてしまうことも多々あったようだ。以来、舎房内の蛍光灯は外されないよう改装され、デンパチは使えなくなったという。

「夏場なら、老眼鏡や近眼の眼鏡のレンズに水を一滴垂らし、太陽の光を集めて火を起こすという方法もあるらしいけど、昼間限定になるからなぁ」

出野が、坂本くんに言った。

「眼鏡のレンズを使う方法って、あまり聞いたことも見たこともないなぁ」

野崎は、ポツリと呟いた。

「まぁ、ボクもありませんけど……もしかしたら、刑務所の『都市伝説』なのかも知れません」

出野は、野崎に同調するように答えた。

「へぇ〜色々とあるんですねぇ〜」

坂本くんは、感心したように1人で頷いた。

「あぁ、色々あるよ。刑務所の懲役受刑者は、人生の達人だからね。創意工夫を重ね、数々の刑務所の知恵を生み出した」

サバイバルのテクニックが満載のムショ暮らし

実際、懲役の知恵には目を見張るものがある。これだけの創造力をフルに活用させれば、刑務所に来ることもなかっただろうにと思えるようなことばかりである。

冬場の朝の曇り止めに、食器洗いの洗剤を水で薄めて窓ガラスに塗る。これだけでガラスに薄い油膜ができ、窓が曇ることはなく、ガラスの水滴で舎房内が湿気に襲われることはない。

ゴキブリの多い古い刑務所では、備え付けのバケツに水を入れ、水面から上にシッカロールを塗る。水面には餌を浮かせて、『刑務所ゴキブリホイホイ』のできあがりである。バケツ内から出ようとしてもシッカロールで足が滑り、水から這い上がれずにいつしかゴキブリは溺死してしまう。

また、薬がなかなかもらえない刑務所の中。便秘になったら、石鹸を鉛筆キャップ大にして肛門に挿入する『刑務所浣腸』。あっという間に、便秘が解消されるという。刑務所という、社会の底辺で暮らすことを余儀なくされた懲役受刑者たち。不自由な生活環境を改善しようと、生活必需品から医療の薬までをも作ってしまう。げに恐ろしきは、刑務所の知恵である。

「火起こしでも、すごいなと思えるのが『ゴリ』だ」

野崎は、坂本くんを見据えて言った。

「なんスか、ゴリって？」

坂本くんは、興味津々というように身を乗り出した。

「布団の綿を、親指大ぐらいの量抜くんだ」

「ふむふむ……」

坂本くんは、目を輝かせながら頷いた。

「舎房にある竹ボウキの先を、４cmぐらいに切って４本集める。それを、抜き取った綿で包み込む」

「それから？」

「オヤジ（＝担当刑務官）から、ボタンが取れたからって針糸を借りて準備完了。布団綿で作った物を、糸でぐるぐる巻きに縛ってできあがり」

「で、どのようにして火を起こすんですか？」

坂本くんは、早く話してくれとばかりに尋ねた。

「ゴリを洗面場のコンクリ面で、将棋盤や箸箱を使って転がし、摩擦熱で火を起こすんだ」

「………」

坂本くんは、呆然と野崎を見た。

「ゴリゴリ転がすから、ゴリってな。懲役もいろいろ考えるもんだ、ハハハ…」

横から、出野が口を挟んだ。

「へぇ～」

坂本くんは、そんな事で本当に火が起こるのだろうか？　というような、訝しげな

所内生活の心得　別表８　作業等工基準

	10等工	９等工	８等工	７等工	６等工	５等工	４等工	３等工	２等工	１等工
Ａ作業	１月	１月	２月	３月	４月	５月	６月	７月	８月	上限
Ｂ作業	１月	２月	２月	３月	４月	５月	６月	上限		
Ｃ作業	３月	３月	５月	６月	７月	上限				

※１　Ａ作業　…　主に炊事係，介助係，理髪係，指導補助，作業用機械若しくは器具を用いる物品の製作その他比較的高度な知識及び技能を要する作業又は職業訓練をいう。
※２　Ｂ作業　…　Ａ作業及びＣ作業以外の作業をいう。
※３　Ｃ作業　…　主に居室内及び養護処遇者に行わせる作業又はこれに準ずる作業をいう。
※４　月とは，新たに就業した日から起算し，当該月において，２分の１以上の就業日数がある場合をいう。

刑務所内での工場作業。食事や賃金に差がでる。

表情で２人を見た。

摩擦熱を利用したゴリは、しばらく転がしていると熱くなり煙が出始める。その瞬間を見計らって、ゴリを割って息を吹きかければ発火する。デンパチや眼鏡などの時間や場所を限定した発火法と違い、いつでもどこでも火が起こせるという手軽さがゴリの利点である。

「感心するだろ？　だが、刑務所の知恵も進化していて、最新の火起こしがある」

「えっ、まだあるんですか？」

坂本くんは、驚いたように野崎を見た。

野崎はおもむろに立ち上がり、自分の私物棚から電気シェーバーを手に取った。

「これを使うのさ」

野崎は、電気シェーバーを坂本くんに見せた。

「電気シェーバーじゃないですか⁉　それで、どうやって火を起こすんですか？」

坂本くんは、野崎に尋ねた。

「これを、こうやって……」

野崎は、電気シェーバーの底蓋を外した。

「ここに電池を置く。＋と－の電極があるだろ。その上に電池を3本づつ、計6本を

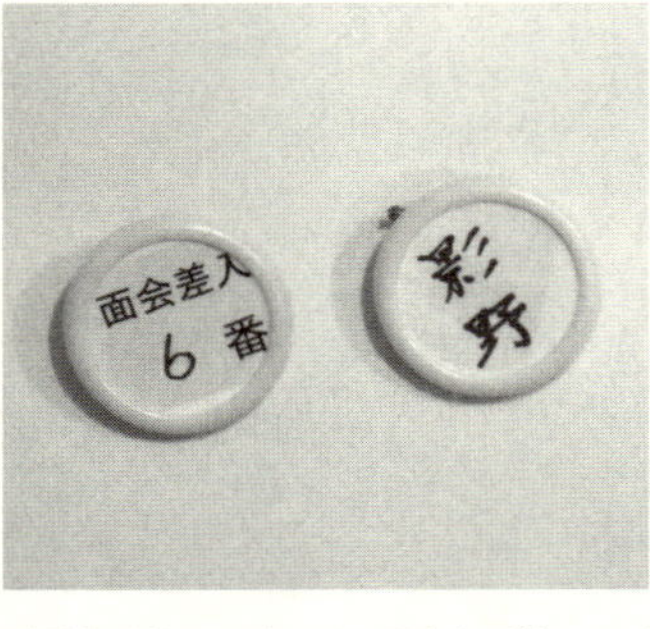

受刑者が付けるバッジと面会人が付けるバッジ。デザインは基本的に同じ。

並列に繋ぐ。それから手をケガしたからとかなんとか言って、バンソウコウを医務でもらってくる」

「それを？」

「電池を繋ぐのに使うのさ」

「？？？」

坂本くんは、不思議そうに首を傾げた。

「ジャ～ン!!　取りい出したりますは、シャーペンの芯。これを使って、発火させてご覧にいれます」

野崎は、口上を述べるように話した。

「まずはシャーペンの芯を、電池の上の部分の電極を橋渡しするように置きまするっ。シャーペンの芯は炭素だから、伝導体となって電池はショートするのでございます。あ～ら、不思議。その瞬間、火花が飛び散ります」

「あっ!!」

野崎は驚きの声を上げた坂本くんを見て、満足そうに笑みを浮かべた。

「あとはゴリと一緒。チリ紙で作ったコヨリを近づけ、火花を取り込むのさ。手際良くしないと、一瞬で電池はパァになってしまう。やり直しするには、また新たな電池を6本用意しなくてはならないから、結構カネのかかる発火法かもな。ハハハ……」

野崎は、おかしそうに笑った。

「す、すごい!!　本当に懲役って、すごいですね」

坂本くんは、野崎や出野によって語られる刑務所の知恵に驚嘆するも、半ば尊敬の念さえも覚えていた。

〝野崎さんや出野さんらとなら、無人島に漂流しても生き残れるかも……〟。坂本くんは、そんな突拍子もないことを考えてしまった。アウトドアの好きな方なら分かって頂けると思うが、今回取り上げた刑務所の知恵はサバイバルの理にかなっている。摩擦熱を利用した発火術に、便秘の治療薬。害虫の撃退法に、除湿のための窓ガラスの曇り止め。どれもこれも必要に応じて生み出された懲役の知恵であり、創意と工夫がすべてに満ちあふれている。

刑務所という絶海の孤島に島流しにされた懲役が、生き延びるために編み出した脅威のサバイバル術。それが、刑務所の知恵なのだ。

「あとは、タバコと酒の完成を待つだけだな」

野崎と出野は、お互いに顔を見合わせニンマリと笑った。

（こんなにも頭の回転が早く要領もいい人たちが、なんで刑務所なんかに来るんだろう？）

坂本くんはにこやかに談笑している2人を見つめ、心の中で呟いた。

コラム

刑務所内で継承される面白い知恵あれこれ

私は未決のころは、まだ東京拘置所が建てかえられる前で、舎房のあまりの汚さに辟易したものである。とくに私が収監されていた〝北一舎三階〟は死刑囚房だった。いつ目の前を死刑囚が刑場に連れて行かれるのか、毎朝ドキドキしていたものだった。

夜になると、故・麻原彰晃率いる〝オウム真理教〟の一団が、就寝時になると一斉に「尊師〜！尊師〜！」と、私たちの舎房に向かって叫ぶのがウザかった。麻原は、私と同じ北舎にいたのだ。

ある日、私は耳かきをしたまま、就寝を前に眠っていた。オウムの呪文も叫びも耳に入らず、ただギシギシギシとイヤな音が耳に入り、私は目覚めたのだ。

「わあぁぁぁ！」

私は、思わず悲鳴をあげた。そこには私がホジくった耳クソを、巨大なゴキブリが三匹も羽根を擦りながら食べていたのである。自分の耳から出たものを、ゴキブリが食っているのが不気味だった。この時、本文でも紹介した「刑務所ゴキブリホイホイ」の作り方を知っていれば、後に毎夜のゴキブリとの格闘はせずともすんだと思う。だからこそ、受刑者の先人たちから学んだ刑務所の知恵は、継承されてしかるべしと思う。

それでは、この東京拘置所で発案された、「刑務所漂白剤」を紹介しよう。東京拘置所の丸U首シャツは、ろくな洗剤を使わないで洗うせいか、すぐ黒ずんでしまう。いつまでも白く輝くような白いシャツを着ていたいと思う方は、掃夫（衛生夫）が洗濯物を回収する前に、汚れている個所を少し水で濡らし、そこにシッカロール（ベビーパウダー）を塗ればよい。もっと白くというなら、シッカロールと石ケンを塗りつけて洗ってもらうと、思わぬ効果に驚くという。

理由をしれば、なんだと思うかもしれない。実は、シッカロールの粉にはデンプンの成分が入っており、これが油をはじく作用があるそうな。だから、キレイに洗いあがるのである。塀の中でもシャレっ気を忘れないアナタ。1度試してみてはいかが？

次は横浜刑務所の〝薬をおいしく飲む方法〟だ。巷では、「良薬口に苦し」という。だが正直、刑務所の医務課が処方する薬は効かないうえにマズいもの。だが、テレスミン（てんかん治療薬）、クリアミン（片頭痛治療薬）、カフェゴット（片頭痛治療薬）など、表記した3種の薬に限り、楽しく飲める方法があるという。それは、噛み砕いてから、ただひたすらなくなるまで舐めるだけ。水を飲むことは不可。これらの薬は、すべてがアップ系。他にもニトロ舌下錠も、なかなか効くそうな（笑）。これは『おいしい』というより、楽しくトリップするための裏ワザ、かな？　ただ、治療のため医務から薬を投薬されている方なら、どんな飲み方をしても大丈夫ですが、他人からもらってやれば一発懲罰。楽しむときは、十分に周囲に注意を配ることが必要。

さて最後は、水戸少年刑務所の秘儀「隠しミルチュー」。これは、アカ落ちする前にやること。まず、シャンプーを使い切り、中をきれいに洗う。そして、その中にミルクチューブ（コンデンスミルク）をたっぷり入れれば出来あがり。あとは、バレないように執行（懲役）に備えるだけ。糖分は、ストレス解消に効くという。もし懲役の移監先でイライラしたら、こっそりと甘味のミルチューを飲んで、元気を取り戻すことができるはず。

以上、刑務所の知恵……いや、悪知恵でした。

第七章　刑務所のファッション事情編

人はどんな状況下に置かれてもお洒落心を忘れたくない!?

眼鏡はムショ内での数少ないお洒落アイテム

狂乱のゴールデンウィークが終わって、はや一週間。初犯で再犯刑務所送られ最初は戸惑っていた坂本くんだが、最近はなんとか工場作業にも慣れた様子。しかし、ゴールデンウィークでの飲酒や喫煙が忘れられない。

完全管理の刑務所の中では、官の目を盗んでする違反行為は懲役囚のささやかなレジスタンスであり、一種の娯楽でもあるのだ。

「いやぁ〜、あの刑務所の密造酒と、バナナタバコには驚きました」

運動の時間、坂本くんは本当に嬉しそうに野崎に話した。

「シッ!! どこで、誰が聞いているか分からないから、その話は舎房に帰ってからな」

野崎は、坂本くんに注意した。

「あっ、すいません。それにしても野崎さん、今日は普段の眼鏡と違ってますね。新調したんですか?」

坂本くんは、野崎に質問した。

「いや、今日は計算工(=工場の担当刑務官のアシスタント)の手伝いを頼まれていたから、眼鏡を替えてきたんだ。細かい字を書くには、遠近両用の眼鏡がないと……」

「あぁ、そういえば担当台脇で座ってましたね。なにを書いていたんですか?」

坂本くんは、興味深そうに野崎に尋ねた。

「工場全員の薬に、称呼番号を書いていただけさ」

野崎は、簡潔に答えた。

刑務所内での薬のやり取りは、厳重に禁止されている。だから、薬の容器には各自の称呼番号が打たれているのだ。もし、自分の称呼番号以外の薬が薬袋から見つかったら、厳しい懲罰が待っている。

「へぇ〜、だから眼鏡を替えていたんだ。でも、眼鏡って2つも持てるものなんですね!!」

坂本くんは、訝しげな表情で野崎に尋ねた。

「バカだねぇ〜!! 野崎さんだから、2つも持てるのさ」

横から、出野が口を挟んだ。

「えっ、なぜですか?」

坂本くんは驚いたように出野を見た。出野は坂本くんの顔に、自分の顔を近づけた。

「オヤジ(=工場担当の刑務官)にヅケがあるからさ。それに坂本さん、あんた刑務所では眼鏡がお洒落のアイテムだってことを知らないの?」

「はぁ?」

坂本くんは、怪訝そうに首を傾げた。刑務所の中では、みんなが同じアカテンに身を包み、同じものを食べ、一つ屋根の下で生活する。社会から隔離された塀の中では、シャバでの身分関係などないに等しい。だから、眼鏡や持ち物で懲役の器量を量るのである。

中でも、安物と高級品が一目で分かる眼鏡は、刑務所内のお洒落の必須アイテムとして必要不可欠なもの。未決で刑が確定しそうになったら旅慣れた懲役太郎たちは下獄準備のため控訴し、目が悪くなくとも眼鏡を用意するのだ。

「ほら、古谷一家の合田二郎組長なんかはローデンストックの最高級品をかけているし、河東連合の藤元高直組長なんかはオーダーの18Ｋの眼鏡だ」

「へぇ～」

坂本くんは、出野が指差した組長衆を見た。

「野崎さんだって、今かけている眼鏡はべっ甲製だ。希少価値の鼈甲を使った眼鏡フレーム……値段が付けられないほどさ」

出野は、坂本くんに解説した。

「オレだってダンヒルだし、野崎さんの近眼鏡の方は……。あれ、なんでしたっけ？　万年筆を作っている会社の製品。ほら、ケーキの名前にもあるやつ」

「モンブランかい？」

野崎はサラリと答えた。

「そうそう、そのモンブラン!!　それに、みんな工場に眼鏡をしてこなくても、慰問の日なんかすごいぜ。見たら分かるよ、眼鏡自慢、いや眼鏡の品評会みたいになっているからさ」

出野は、少し大袈裟に話した。

「でも、ボクは目が悪くないので……」

坂本くんは、ガックリと項垂れた。だがシャバでも、お洒落にはちょっとうるさい会社員として名を馳せた坂本くんである。刑務所内でもお洒落ができると聞いて、持ち前の負けん気が心の中でムラムラと芽生え始めた。

「そんなにガッカリすることはないよ。わざと目を悪くして眼鏡を作った懲役もいるくらいだから」

野崎は、坂本くんを元気づけるように言った。

「えっ、ボクみたいに視力のよい者でも眼鏡を作ることができるんですか？　どうして、どこで、教えて下さいよ、ねぇ、ねぇ」

坂本くんは駄々っ子のように、野崎に問いつめた。野崎はニンマリと笑った。

「まず、必要なのは眼鏡のフレームを用意すること。坂本さんはちょいちょい面会もあるし、手紙も頻繁に着ているよね。だったら、シャバから眼鏡のフレームを差し入れてもらうことは可能かな？」

野崎の言葉に、坂本くんの脳裏にはフィアンセの仲川さんの顔が浮かんだ。

（仲川さんに手紙を書いて、眼鏡のフレームを送ってもらおう）

坂本くんは、眼鏡を作る第一段階をクリアしたと思った。

「大丈夫です！　すぐに手紙を書き、眼鏡のフレームを送らせますから……次は？」

坂本くんは、再び野崎に尋ねた。

「早い方がいいんだろ？　だったら、明日の昼にでも『検眼願い』という願箋を書くんだ」

「検眼……願い、ですか？」

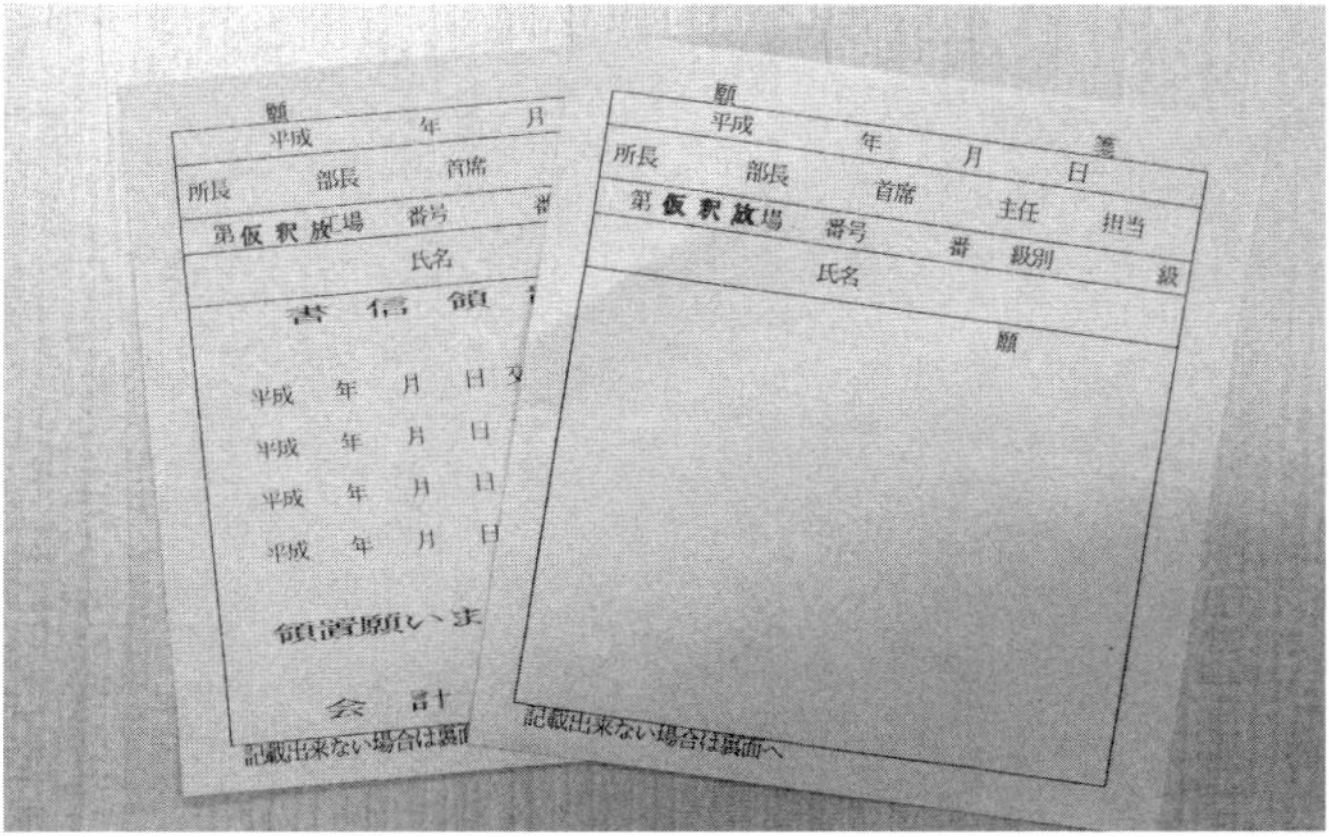

さまざまな要望を書き込む願箋と郵便の領置願い用紙。

「そう、検眼願い」

野崎は、笑顔で頷いた。

刑務所のような施設内で目を悪くし、刑務作業や日常生活に支障を来すと認められた場合、この『検眼願い』という願箋を書き、許可になれば眼鏡やレンズを購入することができるのである。もちろん、眼鏡やレンズを買うのは自費に限られているので、領置金に余裕のある懲役囚しか購入できない。

購入への流れとしては、刑務所御用達の眼鏡屋が施設内にやって来て、検眼願いが許可された懲役囚の視力検査を実施。

その後に、フレームを持っている懲役囚にはフレームに合わせてレンズを作ってくれるし、持っていない懲役囚には在庫の中から好きな眼鏡フレームを選んで購入できるのだ。レンズのカラーは施設によって異なるが、だいたいは10％程度なら許可になる。

「ただし、フレームがないとキツいよ。昭和初期に流行ったような、売れ残りのダサい眼鏡しか置いてないからね」

野崎は、坂本くんにアドバイスした。

「でも、刑務所の中でフレームを、どのようにして選ぶんですか？」

坂本くんは、困ったような表情で尋ねた。その時、また横から出野が口を挟んだ。

著者愛用のメガネとメガネケース。こうしたブランドやキャラクターものを携入品として持ち込む。

「そりゃ、雑誌の『世界の一流品』で選ぶんだよ。オレが持ってるから、舎房に帰ったら貸してあげるよ」

「ほ、ホントですか！　ありがとうございます、出野さん」

坂本くんは出野の手を取り、頭を下げた。出野は、坂本くんの歓喜ぶりに苦笑いした。

「あっ、でもボク、視力1・5なんですけど……」

坂本くんは、不安そうに言った。

「それは、坂本さんの問題さ。頑箋に、目が悪くってテレビを見ることができないとか、工場の刑務作業に支障を来すとか言い張るしかないよ」

「はぁ～」

坂本くんは、ため息をついた。

「以前の刑務所で、目が悪いから検眼願いを書いて眼鏡を作ろうとしたヤツが、機械の視力測定で『目、悪くありませんよ』って言われたんだってさ。そいつはヤクザだったから、半ば強引に眼鏡を作ったらしいけど、ハハハ……」

野崎は、笑いながら話した。

「だ、大丈夫でしょうか?」

「多分、昔学校の保健室にあったような視力検査表を使って、だと思うよ」

「たとえ見えても、間違えてさ。でも、あんまり視力を悪くすると、あとで困るよ。度の合わない眼鏡をしていると、偏頭痛とかに見舞われたりするっていうからね」

野崎と出野は、親切に坂本くんに教えた。

「なんとか目を悪くしようと深夜に布団の中で本を読んだり、太陽の光を瞬きせずに見つめたりと、すごいヤツもいたな」

野崎は、呆れたように言った。出野も野崎に続く。

「溶接工場でさ、目を悪くしたいために溶接の火花を見つめて、目を腫して病舎に運ばれたヤツもいたな」

「そ、そんなバカな‼」

出野の話に、坂本くんは思わず叫んだ。

コラム

刑務所内でのオシャレはどう楽しむの？

刑務所内では、人一倍オシャレに気を使う。なぜなら、ヤクザの親分もＩＴ企業の社長も、西成や山谷でのその日暮らしのホームレスも、全員が同じ使い古しの薄汚れたアカテン（懲役服）を着なくてはならない。

それに、刑が確定すれば、みんな丸坊主。ヒゲを蓄えることも禁止なら、髪を染めることも禁止。耐震偽装問題で逮捕された姉歯秀次のように、刑務所にヅラは持ちこめない。風貌を変えるようなことは、脱獄を助長するとして許されないのである。

そんな規制された状況下、受刑者らはどのようにオシャレを楽しむのだろう。まず、一審の判決により懲役刑は免れないとわかっていても、控訴することから始まる。これを〝なんちゃって控訴〟、あるいは〝プチ控訴〟という。別に、〝事実誤認〟や〝量刑不当〟を争うため控訴するわけではない。刑務所に入るための準備、モラトリアム期間なのである。この期間に、オシャレで高級なメガネを差し入れさせたり、箸や箸箱、石鹸箱に筆箱。カラフルで使い心地の良い内野洋行のタオルなどを調達する。

これら手回り品を、誰もが持ちえないようなもので揃えるのだ。そして、未決の拘置所で処遇課から使用許可がでた差入品は、刑務所内でも使うことが可能だ。これらを「携入品」という。たとえばキティちゃんパンツの差し入れを許可されたら、このキャラクターのパンツは刑務所でも穿けるのである。

だから、拘置所の担当にヅケとり（ゴマをすること）、ＤＣブランドのパンツや、めったに手に入らないようなレアな下着類、変わったデザインのものを差し入れさせるのだ。アカテンしか着られない刑務所の中では、下着類やメガネ等、身のまわりの品がオシャレのアイテムとなるのである。

そして、清潔でキレイなものを着るのも、刑務所のオシャレのポイントだ。たとえば、タオルは2カ月に1回、下着類は3カ月に1回交換できる。良質なものだけに丈夫で長持ちするが、どんなにキレイなものであっても、期限がきたらサッと廃棄する。そして、真新しい下着などに穿きかえるのである。これが、刑務所でいうところのオシャレであり、粋なのだ。ただし、タオルは舎房用と工場用の2枚を持たなくてはならないので、刑期が5年（60カ月）のヤクザなら2カ月2枚のペースで廃棄しても60枚が必要となる。シャツパンツも2枚セットで、3カ月交換だから年間4セットとして20セットで40枚となる。

差し入れる方も、大変だろうと思う。さらに組織同士で働きかけ、名の通った親分やヤクザが工場に下りてくるとなれば、アカテンも新品のものを用意して迎える。そういうワガママを通せることが、刑務所内の本当のオシャレなのだろう。

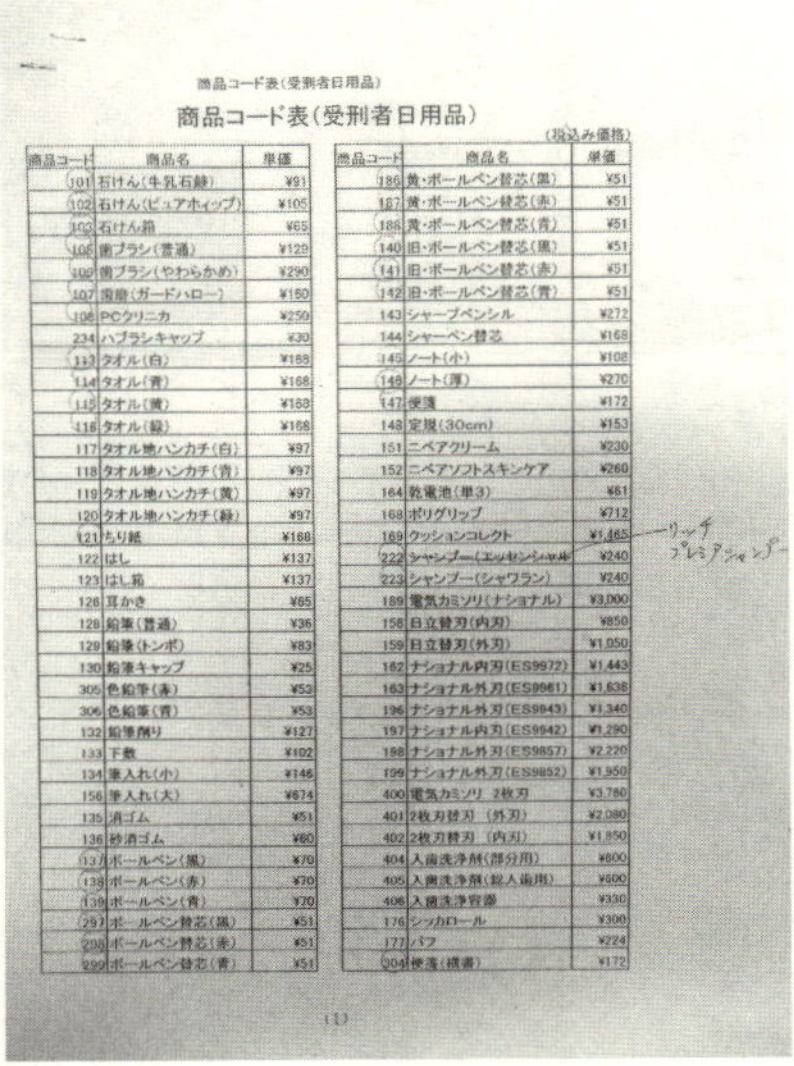

商品コード表(受刑者日用品)

商品コード表(受刑者日用品)

(税込み価格)

商品コード	商品名	単価	商品コード	商品名	単価
101	石けん(牛乳石鹸)	¥91	186	黄・ボールペン替芯(黒)	¥51
102	石けん(ピュアホイップ)	¥105	187	黄・ボールペン替芯(赤)	¥51
103	石けん箱	¥65	188	黄・ボールペン替芯(青)	¥51
105	歯ブラシ(普通)	¥129	140	旧・ボールペン替芯(黒)	¥51
106	歯ブラシ(やわらかめ)	¥290	141	旧・ボールペン替芯(赤)	¥51
107	歯磨(ガードハロー)	¥160	142	旧・ボールペン替芯(青)	¥51
108	PCクリニカ	¥250	143	シャープペンシル	¥272
234	ハブラシキャップ	¥30	144	シャーペン替芯	¥168
113	タオル(白)	¥168	145	ノート(小)	¥108
114	タオル(青)	¥168	146	ノート(厚)	¥270
115	タオル(黄)	¥168	147	便箋	¥172
116	タオル(緑)	¥168	148	定規(30cm)	¥153
117	タオル地ハンカチ(白)	¥97	151	ニベアクリーム	¥230
118	タオル地ハンカチ(青)	¥97	152	ニベアソフトスキンケア	¥260
119	タオル地ハンカチ(黄)	¥97	164	乾電池(単3)	¥61
120	タオル地ハンカチ(緑)	¥97	168	ポリグリップ	¥712
121	ちり紙	¥168	169	クッションコレクト	¥1,465
122	はし	¥137	222	~~シャンプー(エッセンシャル)~~	¥240
123	はし箱	¥137	223	シャンプー(シャワラン)	¥240
126	耳かき	¥65	189	電気カミソリ(ナショナル)	¥3,000
128	鉛筆(普通)	¥36	158	日立替刃(内刃)	¥850
129	鉛筆(トンボ)	¥83	159	日立替刃(外刃)	¥1,050
130	鉛筆キャップ	¥25	162	ナショナル内刃(ES9972)	¥1,443
305	色鉛筆(赤)	¥53	163	ナショナル外刃(ES9961)	¥1,636
306	色鉛筆(青)	¥53	196	ナショナル外刃(ES9943)	¥1,340
132	鉛筆削り	¥127	197	ナショナル内刃(ES9942)	¥1,290
133	下敷	¥102	198	ナショナル外刃(ES9857)	¥2,220
134	筆入れ(小)	¥146	199	ナショナル外刃(ES9852)	¥1,950
156	筆入れ(大)	¥674	400	電気カミソリ 2枚刃	¥3,780
135	消ゴム	¥51	401	2枚刃替刃 (外刃)	¥2,080
136	砂消ゴム	¥60	402	2枚刃替刃 (内刃)	¥1,850
137	ボールペン(黒)	¥70	404	入歯洗浄剤(部分用)	¥600
138	ボールペン(赤)	¥70	405	入歯洗浄剤(総入歯用)	¥600
139	ボールペン(青)	¥70	406	入歯洗浄容器	¥330
297	ボールペン替芯(黒)	¥51	176	シッカロール	¥300
298	ボールペン替芯(赤)	¥51	177	パフ	¥224
299	ボールペン替芯(青)	¥51	304	便箋(横書)	¥172

リッチ プレミアシャンプー

(1)

刑務所内で購入できる物品一覧。基本的にすべて定価販売だ。

第八章　刑務所のファッション事情　後編

ムショ内で一番の生活必需品が最高のお洒落アイテムに

少しでも他人との差別化を図る面々

眼鏡を購入したいがため、溶接の火花を見て目を腫した懲役囚がいたことを聞いた坂本くん。あまりの馬鹿げた話に、思わず叫んでしまった。坂本くんの声に、運動担当の刑務官が振り向いた。

「おいおい、オヤジがこっちを見たじゃないか」

出野は、慌てて坂本くんを制した。

刑務所で人と違ったものを持とうとするなら、下獄前の未決でそれなりの準備が必要だ。珍しい石鹸が手に入れば、一般で使用される石鹸の袋に入れ替えたり、変わった柄の箸箱が差し入れで来れば、必死になって携入品（＝未決で許可になった品物は、携入品として刑務所で使用できる）として認めさせようと躍起になる。

しかし規則によっては、懲罰も辞さない覚悟の上での行為。リスクを冒してでも人と違ったものを持つ……、懲役囚とは、そういうものなのだ。

「眼鏡だけじゃない。見てごらん、あそこの人のアカテンのズボンを」

出野が、そっと指を差した。

そこには、学生服のボンタンのように太いアカテンを穿いた、懲役囚がいた。

「あれ、ずいぶん太いズボンですね！　タックが入ってるみたいに見えますけど……」

坂本くんは、驚いたように出野を見た。

「まさかタックまでは入れられないけど、あの人は大内一生さんて若手の組長でさ、シャバに鳶の会社を持っているんだ」

「へぇ～」

「お洒落のセンスは人それぞれだけど、大内組長には鳶が穿くニッカボッカが格好いいんだろうな」

「………！」

坂本くんは、絶句した。

「鳶風やボンタン風にするため野崎さんに頼んで、『工場着改造願い』とかいう願箋を書いて、オヤジから許可をもらったんだろうな。あとは被服工場で、措定された箇所を修理してできあがり」

出野は、坂本くんに説明した。

「小柄な林田昌史親分なんか、わざとアカテンをダブダブにして着てたしな。林田親分には、ダブッとした着こなしが粋なんだろう。また尻が隠れるぐらい、アカテンの着丈を伸ばした親分もいたよ。新入の菊池誠親分なんかも、アカテンを長めに改造しているよ」

「……………」

「人と違ったものを持つ、あるいは身に着けることが、刑務所内ではお洒落というんだよ」

タオルも個性を発揮するためのアイテム

出野は、真剣な眼差しで坂本くんを見た。坂本くんは、黙って頷いた。

「見てごらん、四班の連中を」

出野は、坂本くんを促した。坂本くんは出野と一緒に、四班の連中がたむろしている場所を見た。

「みんな、帽子が決まっているだろ。ピーンとシワが伸びて……」

「えっ、あぁ、本当ですね」

「ヤツらは作業に使う円筒形の筒で、帽子のシワを伸ばしているのさ。金曜日の作業終了時に帽子を水で濡らしてさ、筒に被せてから還房（舎房に帰ること）するんだ。すると土日を挟んで、月曜日にはシワが伸びてパリッとするのさ」

「なるほど」


坂本くんは、感心したように頷いた。工場内でのみ被る、懲役帽。以前は、班長や危険作業をする懲役囚の帽子には赤線が巻かれていた。赤線を巻く許可は刑務所の処遇課から申し渡され、一工場に4～5人いただろうか？　50～60人の工場に、それだけの少人数しかいないのだから、刑務所内での特権階級といえるだろう。だから、懲役囚の誰もが赤線を巻きたいがため、真面目に刑務作業に従事したという。

「ま、一番手頃で、誰にでも分かるお洒落のアイテムは、眼鏡にタオルだろうな」

と、出野は坂本くんにいった。

「えっ、タオルがお洒落のアイテム、ですか？」

坂本くんは唖然としたような表情で、出野を見た。

「そうさ、タオルさ」

出野は、笑顔で頷いた。刑務所内でタオルは、眼鏡に継いでのお洒落の必須アイテムといえるだろう。

入浴や朝の洗顔、眼鏡と違い生活の必需品でもあるタオル。カラフルな、人が持っていないような色合いのタオルを持つことが、刑務所内のお洒落なのである。旅慣れた懲役太郎らは、まだ差し入れが可能な未決のうちに、下獄準備のため変わった色のタオルを差し入れさせるのだ。

「昔は黒タオルが入らなくってね。なんとか黒タオルを持てるよう、あの手この手と知恵を絞ったものさ」

「へぇ～」

坂本くんは、大きく頷いた。刑務所でのすべての所持品には、他の懲役囚の所持品と間違わぬよう各自の称呼番号が打たれている。だが、黒タオルにはマジックで称呼番号が書けぬため、一般的には禁止されているのだ。

「だから、前刑で福島刑務所に務めることになった時、オレは黒タオルを大量に持ち込んだんだ。で、意地でも舎房内で持てるようにと意気込んでいたら、福島では購入品でＣＡＰＩＣの黒タオルが売られているんだから、とんだ笑いものになったよな」

出野は、当時を懐かしむかのように語った。

「福島で人気があったのが、紫に茶色にグレーかな。オレは懲役ばかり来てるから、懲役＝グレーという気がしてさ、グレーが嫌いなんだ。おかげで、垢抜けたタオルは持てなかったよ」

出野は、今思い出しても悔しさが込み上げてくるようであった。

「でも、内野洋行のタオルだったから、一目も二目も置かれたけどね」

「なんですか、その内野洋行って？」

坂本くんは、すぐに反応した。

「刑務所で人気のあるタオルブランドさ。うちの舎房で内野のタオルを使っているのは、野崎さんとオレ、あとは堀田くんの3人ぐらいかな？」

出野は、自慢げに話した。刑務所で色鮮やかなタオルを持つことは、垢抜けた懲役生活を送る上で必要不可欠なもの。中でも内野洋行のタオルは、生地の良さ、色合い、使いやすさ等、すべてにおいて抜きん出ていると言われている。

タオルも刑務所内でのオシャレアイテムと言われている。受刑者が撮影。

懲役囚の人気ナンバーワンブランドなのだ。他には、ベルベットのような生地のCASTLE社のタオルも人気が高いし、セブンイレブンで販売しているタオルも色が良いと評判である。

「内野のタオルは、懲役では知る人ぞ知る有名ブランドだ。シャバでいえば、グッチにプラダみたいなもの。坂本さんも懲役でカッコつけたいなら、タオルぐらいいいのを持たなくちゃ」

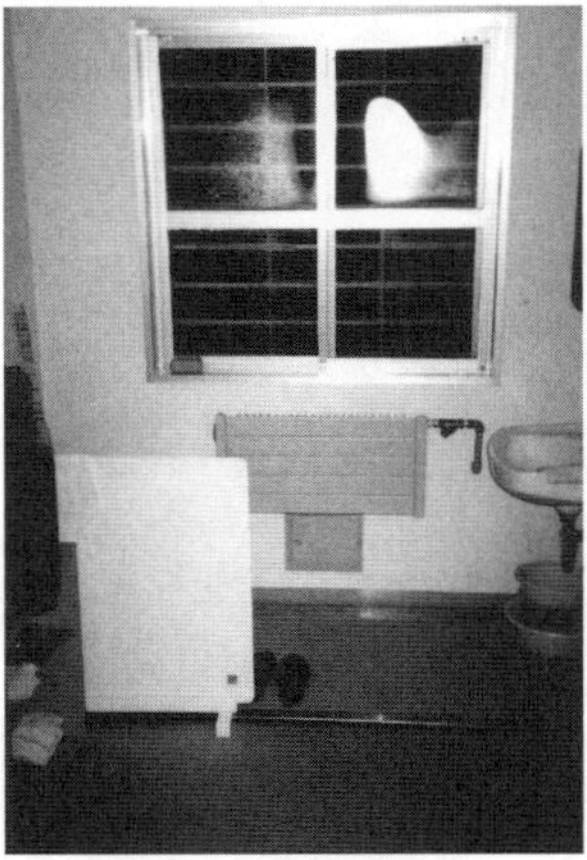
むき出しのトイレ。用便をする際は前の衝立を立てる。基本的に女子も同じ。受刑者が撮影。

「ど、どこで、買えるんですか!! 内野のタオルは？」

坂本くんは、興奮して出野を問いつめた。その時である。

「お～い、110番、坂本敏也。110番、坂本敏也、いるかぁ！ 面会だぞ!!」

引き回しの老刑務官が、坂本くんに向かって叫んだ。

「おい、面会だって。ちょうど良かったじゃないか、面会で内野のタオルを差し入れてもらうように頼めばいいさ。枚数は、自分の残刑の月換算数（※残刑一年なら十二枚、二年なら二十四枚）が目安だぞ！」

出野は、坂本くんに耳打ちした。先にも書いたが、刑務所ではタオルは生活必需品だ。朝夕の洗顔に日常での手拭き、入浴時には洗体で使い、入浴後は身体を拭くためのバスタオル代わりとなる。刑務所の生活では、タオルが一番使用する用途が多いのではないだろうか⁉

それゆえタオルは、工場用と舎房用の二枚が持てるように決まっている。消耗品なので、交換できるのは2ヶ月に一回。それでタオルを差し入れする際は、刑期や残刑の月換算数を目安にするのである。

（えぇっと、内野洋行のタオルを差し入れすること、枚数は残刑の月換算数が目安か）

面会室に行く道中、坂本くんは頼み事を忘れまいとブツブツ呟きながら歩いた。

コラム

刑務所内でも受講できる高校教育制度

もう、10年前になるだろうか。ある日、1通の手紙が私のもとに届いた。盛岡少年刑務所に服役中の、大畑美智男（仮名）くんという青年からであった。手紙には、「刑務所に服役しながら高校に通っています」という書き出しからはじまって、一般には想像もつかない受刑生活が綴られていた。

いまだ、塀の中には文盲の受刑者が多い。日本で唯一の教育施設を併設している刑務所は、昭和28年に開校した長野県の松本少年刑務所・旭町中学校〝桐分校〟だけである。昭和20年代の終わりといえば、終戦直後の混乱期のため義務教育を受けられなかった少年少女が多かったはずだ。事実、当時の松本少年刑務所受刑者の約8割が、義務教育を終えていなかったという。それは、終戦直後で修学環境が悪く、あたり一面焼け野原の敗戦国では、大人でさえ就労の道が閉ざされていた時代。結果、生きるためには、犯罪へと走るしかなかったのだ。少年刑務所の受刑者は増えにふえた。

「どうしたらいいのか」

日本の未来を見据える有識者たちは、深刻な問題に悩み知恵を絞った。

「それなら服役中に就学を支援し、出所後の就労に備えさせようじゃないか」

ここに、日本の刑務所史上例のない、矯正施設内の公立中学校である旭町中学校〝桐分校〟が誕生したのである。しかし桐分校は義務教育の場であり、刑務所から高校へ通学するのは聞いたことがない。そこで大畑くんの出所後、すぐに取材を決行した。

大畑くんは家庭の事情により、母子家庭で育っている。愛する母の口癖は、「最低限、高校だけは卒業してほしい」だった。そんな母の意に反し、彼は2度も高校を退学になり、罪を犯して盛岡少年刑務所に服役することになる。

所内で地元の岩手県立杜陵高校の通信科に入学できることを知り、大畑くんは母の願いに報いるために受講を決意した。通信科とはいえ、週に1度の土曜日にスクーリングがある。刑務所からシャバの高校へ通い、別棟にある特別な教室で授業を受ける教育実習であった。ここでの一番の思い出は、同じ受刑者と共に家庭科の実習で作ったピラフだった。正月三が日以外、刑務所では口にすることができない銀シャリが食材として使われていた。自分たちで作った白米のピラフを食べ、そのあまりのうまさに思わず舌鼓を打ったという。

シャバと違い、杜陵高校への通学は快適だった。だが、卒業を直前にしたある日、大畑くんの元に母の訃報が届く。大畑くんは嘆き苦しみ、あまりのツラさにモチベーションが保てず、涙ながらに高校を辞めると教育課に訴えた。だが刑務官らの必死の説得で立ち直り、大畑くんは無事に杜陵高校の卒業式を迎えることができたのである。

刑務所側の配慮からなのか、同校の生徒たちと同じ講堂で式典は行われた。祝いの席だけに、手錠は外されている。

「MJP科、大畑美智男！」

「はい！」

校長が、卒業証書を大畑くんに手渡す。卒業式での彼の所属課は通信科でもなく、ましてや普通科でもない。もちろん、商業科や工業科でもない。

彼は、「MJP（モリオカ・ジュニア・プリズン）科」の卒業生。盛岡少年刑務所科だったのである。

第九章　全国刑務所の処遇事情

多くの初犯刑務所が飽和状態 それが厳しい日本の現状

僅かな面会時間にシャバの空気を感じる

面会場で、1ヶ月ぶりに婚約者の仲川昭子さんと話す坂本くん。懲役の面会では誰もが陥ることだが、シャバの情報を訊き出したいがため、マシンガンの連射のように話し続ける。

「ちょ、ちょっと待ってよ‼ もう少し、落ち着いて話してよ」

昭子さんはあまりの饒舌ぶりに、半ば呆れたように坂本くんを制した。

「えっ、なにを言ってる！ 面会時間は限られているんだぜ。それに、1ヶ月も待っていたんだ。話したいことが山ほどある」

坂本くんは、逆に昭子さんに言い返した。刑務所の面会時間は、およそ30分。これは工場への往復時間も加味してのもので、実質は15分~20分程度であろう。面会の連絡が工場に入ると、引き回しの刑務官が向かえに来て、そこから面会時間の30分が計上される。だから、面会時間分は作業報奨金から引かれるのだ。

「おい、彼女の言う通りだ。オマエはさっきから、自分のことしか話してないじゃないか。それに、そろそろ時間だぞ」

面会担当の刑務官は堪りかねてか、昭子さんに助け舟を出した。

「えっ、はい」

坂本くんは、慌てて答えた。

「今度から、パッと化粧して、ミニスカート穿いてこいよ!!　あとは、えっ~と、なんだっけ、ほら、あれ、その……」

「………」

面会時間の終了が迫ったことに焦った、坂本くん。必死になって、思い出そうとした。

「あっ、そうだ、タオルだ、タオル！　おい、昭子。内野洋行って会社のタオル、至急差し入れてくれ!!」

「えっ、タオル？　内野……洋行のタオルね？　何枚ぐらい？」

昭子さんはメモしながら、坂本くんに尋ねた。

「オレの残刑を月に換算してだな、およそ1年だから12枚、いや15枚ぐらい!!」

「うん、分かった」

かくして面会は終了した。坂本くんは、引き回しの老刑務官と一緒に面会場を出た。

（よし、これでタオルはＯＫだ）

坂本くんは、道中してやったりとばかりに笑顔を浮かべた。その時、老刑務官が口を切った。

「おい、坂本。おまえな、一体ここになにしに来てんだ？」

「はぁ？」

坂本くんは、思わず老刑務官を見た。

「おまえは罪を犯して、その償いに佐渡島に来たのだろう。なのに何だ、あの態度は……。初犯は初犯らしく過ごさないと、あとで痛い目を見るぞ」

「………」

「彼女だって、東京から無理して来てくれているんだろ？　それに感謝もせず、ミニスカートを穿いてこいだとか、タオルを差し入れてれだとか。誰に知恵を付けられたのか分からんが、おまえのすべきことは1日も早く社会復帰することじゃないのか？」

真剣な面持ちで、老刑務官は言った。

だが舞い上がっている坂本くんは、聞く耳を持たない。老刑務官はフ～ゥとため息をついた。

（うるせぇ爺さんだなぁ）

坂本くんは、不貞腐れたような表情をした。老刑務官は、呆れたように坂本くんを見た。

過剰な収容率に悩まされる刑務所事情

還房後、坂本くんは面会での話をした。坂本くんの周りにはいつものメンバーがいて、各自が各々の意見を述べた。

「そりゃ、坂本さんは初犯だから、あまりオレたちみたいな懲役囚に毒されて欲しくないんじゃないかい。いいオヤジだよ、あの引き回しの担当は」

　野崎は、坂本くんに言った。

「あのオヤジ、以前は初犯の三重刑務所いたらしいから、坂本さんみたいな初犯らしからぬ懲役囚を見ると、小言の一つもいいたくなるじゃないの」

　野崎の言葉に、坂本くんは納得したように頷いた。

「坂本さんは堅気だし、普通は黒羽（刑務所）や静岡（刑務所）、あるいは三重（刑務所）に送られるよな。なぜ、うちみたいな再犯刑務所に送られて来たんだろ？」

　横から、出野が口を挟む。

「通常、初犯でもヤクザ者や犯罪傾向が悪化している者は再犯刑務所に送られるけど、坂本さんの場合はなんでだろ？　よっぽど運が悪かったのかな？」

　野崎は、坂本くんに向かって言った。

　犯罪者の増加のため、刑務所は過剰収容を強いられていた。全国刑務所の収容者率の平均でも120％以上。女子の麓刑務所に至っては、134％にも達していた。そして増加した収容者の殆どが、初犯の懲役囚だった。だから、初犯刑務所は常に飽和状態。新たに初犯の懲役囚を受け入れない。結果、初犯者も坂本くんのように、再犯刑務所に来ることもあったのである。

「黒羽刑務所は初犯だから行状は厳しいけど、外国の刑務所みたいに殆どが夜間独居だからな。プライバシーは守られているから、人間関係にギスギスすることはない」

「へぇ〜」

坂本くんは、大きく頷いた。刑務所で、なによりも難しいのは雑居房内での人間関係だ。畳十六畳（＝八坪）ほどのスペースに、懲役囚を6人前後を収容するのだから、就寝時は布団と布団の隙間もないほどの狭さである。トイレに行くときでさえ、他の懲役囚の布団を踏まぬようにと気遣って歩かなければならない。

加えて、冷暖房なしの雑居房。暑さ寒さによるイライラから、ケンカに発展することも多々起こりうる。それが、過剰収容の日本の刑務所の現状なのだ。

「黒羽も、昔は定員は1780人のところに2300人以上収容されていたって言うぜ。おそらく、日本最大の初犯刑務所だろうな、黒羽は……」

出野は、したり顔で話した。

「それに、初犯者ばかりだから仮釈放で出所させること重きを置いている。それで、夜間独居を多く設けているのさ。だって、初めて刑務所に来た連中ばかりを雑居にいれておくと、どんなトラブルが起こるか分からないだろ」

「ええ」

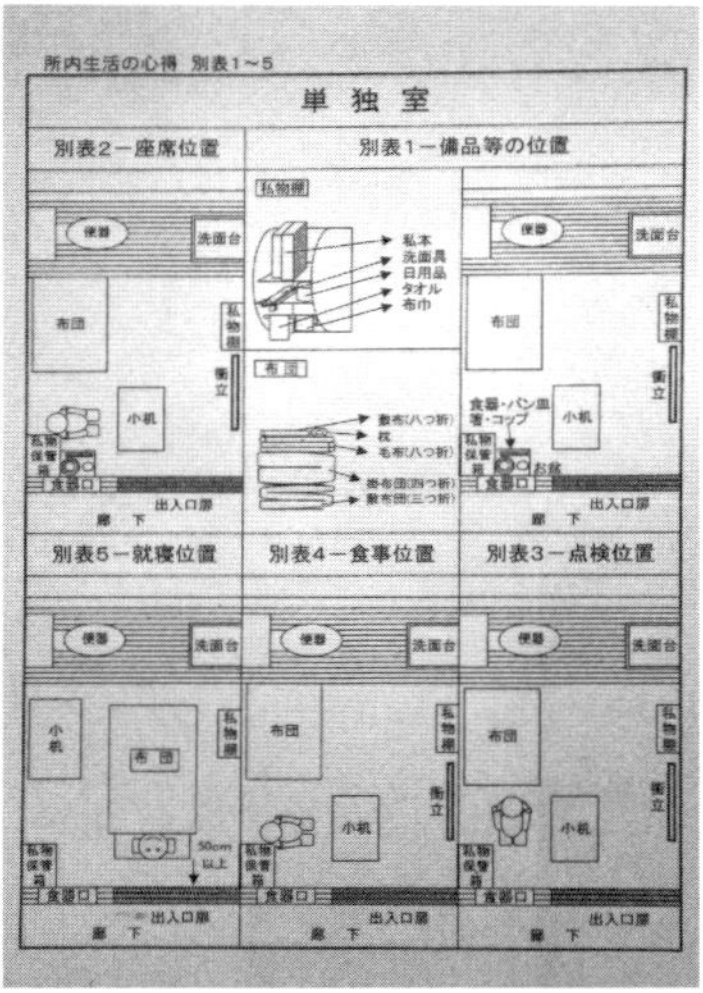

独居房での生活や備品の扱いを記した用紙。

「雑居だと悪い仲間と出会い、出所後連絡を取り合って、また新たな犯罪を犯してしまう。再犯を犯したもの者の共犯者は、その殆どが刑務所仲間だって言うからな」

坂本くんは、唖然としたように出野の話を聞いた。また一般には知られていないことだが、黒羽刑務所には有名人が多く収容されている。それも、個人（＝有名人）のプライバシーを守る夜間独居があるからだと言われている。

黒羽刑務所に収監された芸能人では、田代まさしに清水健太郎。政治家では、元衆議院議員の山本譲司に中村喜四郎など。最近では、ライブドアの宮内亮治なども黒羽刑務所に下獄したといわれている。

「初犯を夜間独居に入れるのは、再犯防止のためだけじゃない」

出野の話は続く。

「初犯者に勉学を推奨しているのさ」

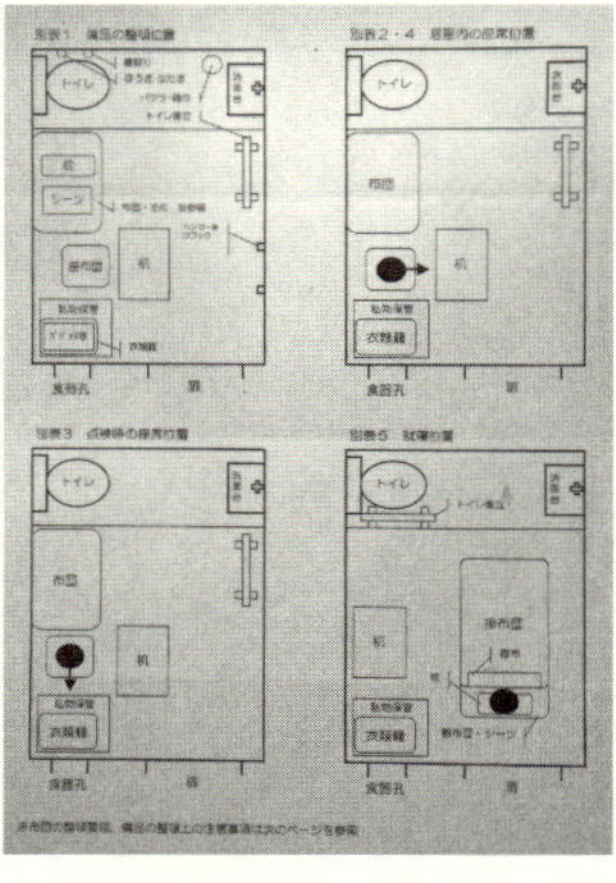

備品の配置図。整理整頓に関しては優良可の判断が下され、教育テレビの視聴などがある。

「へぇ～」

坂本くんは、感心したように頷いた。

「刑務所では私費（＝自費）や官費（＝国からの費用）の通信教育によって、多くの資格が取れるんだ。簿記、漢字検定、大検までとれるんだぜ」

出野は、どうだと言わんばかりに目を大きく見開いた。

「通信教育だけじゃない、黒羽の施設内に建設機械操作の訓練場もある。社会復帰し、再犯させないために手っ取り早いのが、資格を取らせることだ。社会で役立つ資格さえあれば就職には有利だし、その最たるものが建設機械操作なんだろうな」

出野は、坂本くんを睨みつけるように話した。

「だから、仮釈放もいい。堅気が刑務所に来て、一番大事なのは早期社会復帰だろ？早期社会復帰するのは、仮釈放しかない‼」

坂本くんは、コクッと頷いた。

「刑務所のような行刑施設の良し悪しを決めるのは、ヤクザならメシのうまいまずい。堅気なら、仮釈放率がいいか悪いかなんだ」

出野は、確信に満ちた表情で言った。坂本くんは、出野の話に一抹の不安を抱いていた。

コラム

刑務所内で取得できる資格とは？

刑務所での1年は長い。平均的な刑務所の刑期は、だいだい3年前後であろうか。3年という期間も、シャバならアッという間だろう。しかし、時間の流れが驚くほど遅い、刑務所の中での1年となると、とてつもなく長く感じられる。

そこで、時間を費やす方法を、あれこれ考える。一番いい時間のつぶし方は、他の刑務所に行くことだ。だが、一度決められた刑務所から、他刑にいくのは不可能に近い。もしあるとしたら、それは〝不良押送〟ぐらいだろうか。

他にはないか？　ある！　それは、職業訓練生になることだ。職業訓練とは、懲役受刑者に対してシャバで役に立つ免許や資格を取得させたり、出所後の就職の際に、必要な知識やスキルを習得させることを目的とした訓練のことである。

ザッと並べてみると造園科、コンピュータ制御科（数値制御機械科）、自動車整備科、建築設計科、介護サービス科、理容科、美容科、ソフトウェア管理科（情報処理科）、プログラム設計科。なんと、その総数は基本の52種目を軽く超える。

職業訓練とは、受刑者に職業に関する免許や資格を取得させ、就職に必要な知識や技能を習得させることを目的として行われている。そして、それが受刑者の再犯を抑止でき、更生の糧となるのであるという。最近の風潮から、男子の職業訓練ではインターネット関係の職業訓練も多くなり、女子刑務所の職業訓練では、美容科、介護の資格が取れる介護サービス科や、変わったところでは〝ネイリスト科〟などが人気を博している。このネイリスト科は、服役しながらジェルネイルの技能が習得でき、最終的には3カ月をかけて「ＩＮＡジェルネイル検定3級」の取得を目指すという。

普段、化粧を許されない女子刑務所では、美容やエステシャンの資格が取れる職業訓練は圧倒的に人気だが、男女とも職業訓練生になるには厳正な審査がいる。「職業訓練を希望していること」「残刑が職業訓練に必要な期間を超えていること」「職業訓練に堪えられる健康状態にあること」「受刑態度が良好であり、改善更生の意欲が高いこと」「適性検査で職業訓練の適正があると認められること」「免許資格の受験資格を有していること」

一項目でも欠けていれば、職業訓練は受けられない。筆者は、過去何十人もの職業訓練を受講した受刑者を見ている。だがそれを生かす職に就いたものは誰一人としていない。

第十章　全国刑務所の処遇事情　初犯刑務所と再犯刑務所

誰もが待ち遠しい仮釈放と特殊な交通刑務所

仮釈放に思いを巡らし一喜一憂する

急に項垂れた坂本くんを見て、野崎は心配そうに尋ねた。

「おや、どうしたんだい？　元気がなくなったみたいだけど……」

「……」

坂本くんは黙ったままである。

「仮釈放のことが気になるのかい？」

野崎の問いに、坂本くんはコクッと頷いた。

「ぼ、ボクは初犯だから、3ピン（=刑期の3分の1）は仮釈放がもらえるって聞いていたんですけど……」

坂本くんは、不安げに野崎に話した。

「はっきり言うよ、３ピンは絶対無理!!　そんなヨタ話、誰から聞いたの？」

「判決待ちをしている時の裁判所の同行室と、刑が確定してからの東拘の既決房で、です」

坂本くんは、不安そうな面持ちで答えた。

「あぁ、それじゃ駄目だ！　みんな、自分らに都合のいい適当な話ばかりだから……」

「えっ、まったくの出鱈目なんですか？」

坂本くんは、野崎に尋ねた。

「まったくの出鱈目でもないけど、かなり誇張されているよね」

野崎は、冷静な口調で答えた。

「だって、裁判所の同行室は初犯ばっかり集めるし、東京拘置所の既決房は初犯再犯をきっちり分けているんだ。そんな刑務所に初めて行くヤツらが、仮釈放のこと知っているわけがないだろ⁉」

「なるほど」

坂本くんは、思わず声を上げた。

「常識的に考えて、初犯は良くて4ピン（＝刑期の4分の1）の仮釈放がもらえりゃ、御の字だよ」

「はぁ～」

坂本くんは、がっくりと肩を落とした。

「初犯は4ピンなら、自分は1年半の4分の1は4ヶ月半、ですか?」

坂本くんは、野崎に向って言った。

「そんなもんじゃないの、坂本さんの場合」

出野は少し考えて、坂本くんに言った。

「でも、ボクは再犯刑務所に送られているし、初犯刑務所に比べて仮釈放率が悪いのではないかな……」

「そんなことはない!!」

突然、出野が坂本くんの言葉を遮るように叫んだ。

坂本くんは驚き、出野を見た。

「初犯者は、再犯刑務所に行っても初犯として特別に扱われる。オレは月形の中央計算にいたから、ずいぶん多くの仮釈放者を見てきたけど、初犯刑務所より多く仮釈放をもらっているヤツらを何人も見たぜ」

「ホントですか?」

「あぁ」

出野は、鷹揚に頷いた。

「坂本さんは、家族とも頻繁に連絡を取り合っているし、身柄引受人も帰住地もしっかりしている。しかも初犯だし、刑務所へ来る前は真面目なサラリーマンだった。これだけ好条件が整っているんだもの、仮釈放で4ピンは絶対もらえるよ、保証する」

「あ、ありがとうございます!!」

坂本くんは出野の言葉に安心したのか、ホッとしたような表情で彼を見た。

日本の仮出獄制度（＝仮釈放制度）は、世界の刑務所に比べ厳しいと言われている。一応、刑法では有期刑の場合は刑期の3分の1を過ぎれば仮釈放の対象となると記されているが、実際はそんなことはない。3分の1を過ぎていれば、仮釈放の対象者として環境調整が行われる。法務省の保護監察所から保護観察官が地元の保護司と組んで、仮釈放者を迎える環境を調査する。これを環境調整といい、環境調整が終われば仮面接（＝準備面接）が行われる。

仮面接から本面接（＝委員面接）まで、刑期の3分の1程度を要すと言われている。だから、残った3分の1が仮釈放期間だと思われているのだ。実際は、ここから色々手続きに時間がかかり、最終的には4分の1あたりで落ちつくと言われている。

「交通刑務所ぐらいかな、今どき3ピンの仮釈放を出すのは……」

「えっ、なんですか、交通刑務所って？」

刑務所とは思えない「交通刑務所」

「あれ、坂本さんは交通刑務所を知らないのかい?」

野崎は、驚いたように坂本くんを見た。

「ま、仮釈放から話が飛んでしまうが、日本には我々一般刑務所の他に特殊な刑務所が存在するんだ」

「はぁ」

坂本くんは、真剣な眼差しを野崎に向けた。

「たとえば米軍基地の米兵が犯罪を犯した場合は、F級(=外国人を収監する刑務所)の横須賀刑務所に送られるし、刑務所内で持病が悪化し懲役を務めることが困難だと認められた場合は医療刑務所に送られる。ここ(=佐渡島刑務所)は東京矯正管区だから、八王子医療刑務所送りとなる」

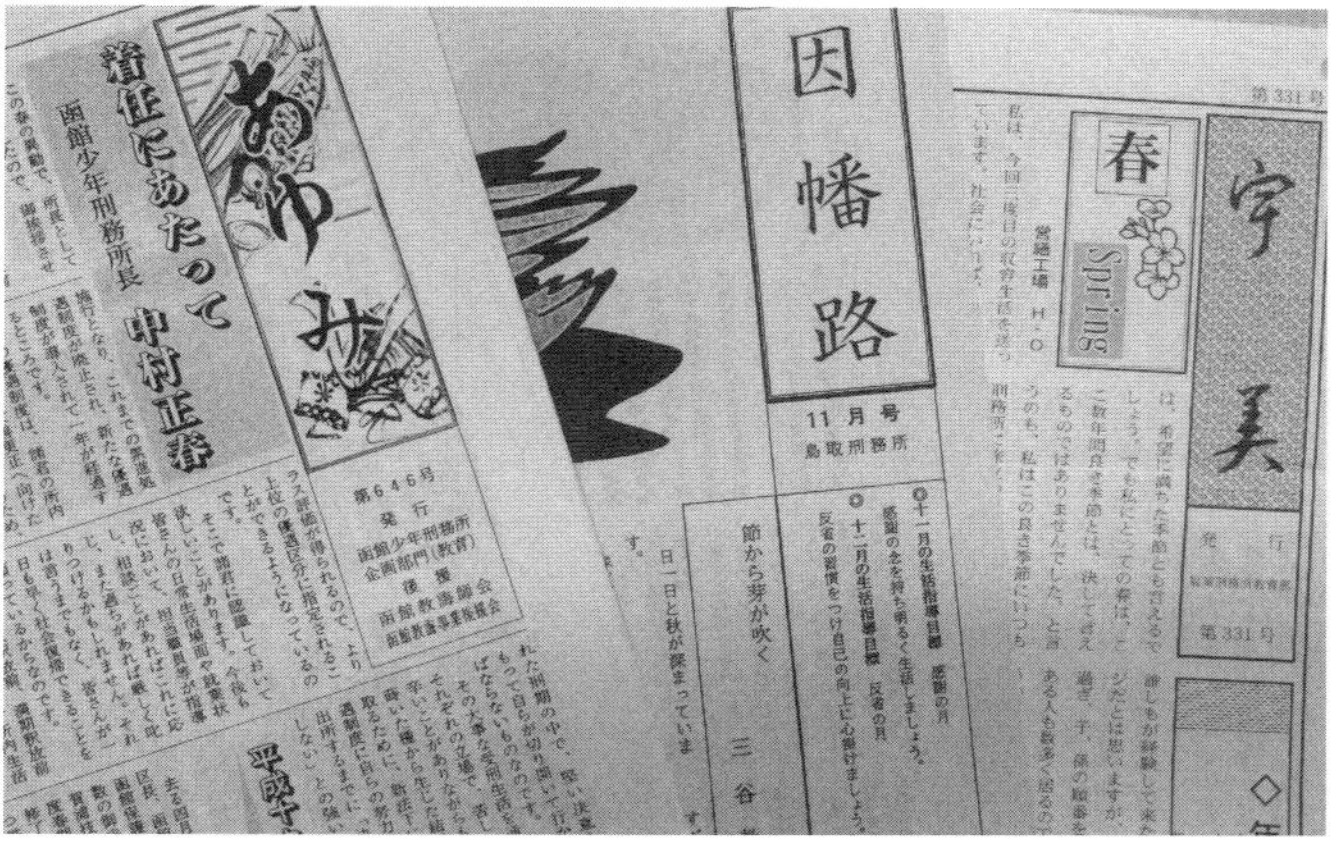

刑務所ごとに発行されている機関紙。交通刑務所でも発行されている。

坂本くんは、野崎の話に耳を傾けた。

「だが確信的な犯罪者ではなく、不慮の交通事故によって犯罪者になりうる一般人もいる。そういった懲役囚を収監するのが交通刑務所なんだ」

犯罪に関わりを持つことがなかったような一般市民でも、ある日突然「青天の霹靂」とでもいうような交通事故によって懲役受刑者となることもありうる。２００１年の道交法が改定され、かっては「業務上過失致死」が適用された交通事故による死亡事故は、新たに「危険運転致死傷」によって法の裁きを受けるようになる。「業務上過失致死罪なら５年以下の懲役刑だったものが、「危険運転致死傷」なら最高懲役15年との重罪となった。

「ただ、殺意があって人を殺めたわけじゃないから、交通刑務所の処遇も一般刑務所のそれとは多少違うらしい」

野崎は、坂本くんに向かって言った。

「なんといっても、交通刑務所には塀がないんだ」

「えっ!!」

坂本くんは、小さく声を上げた。

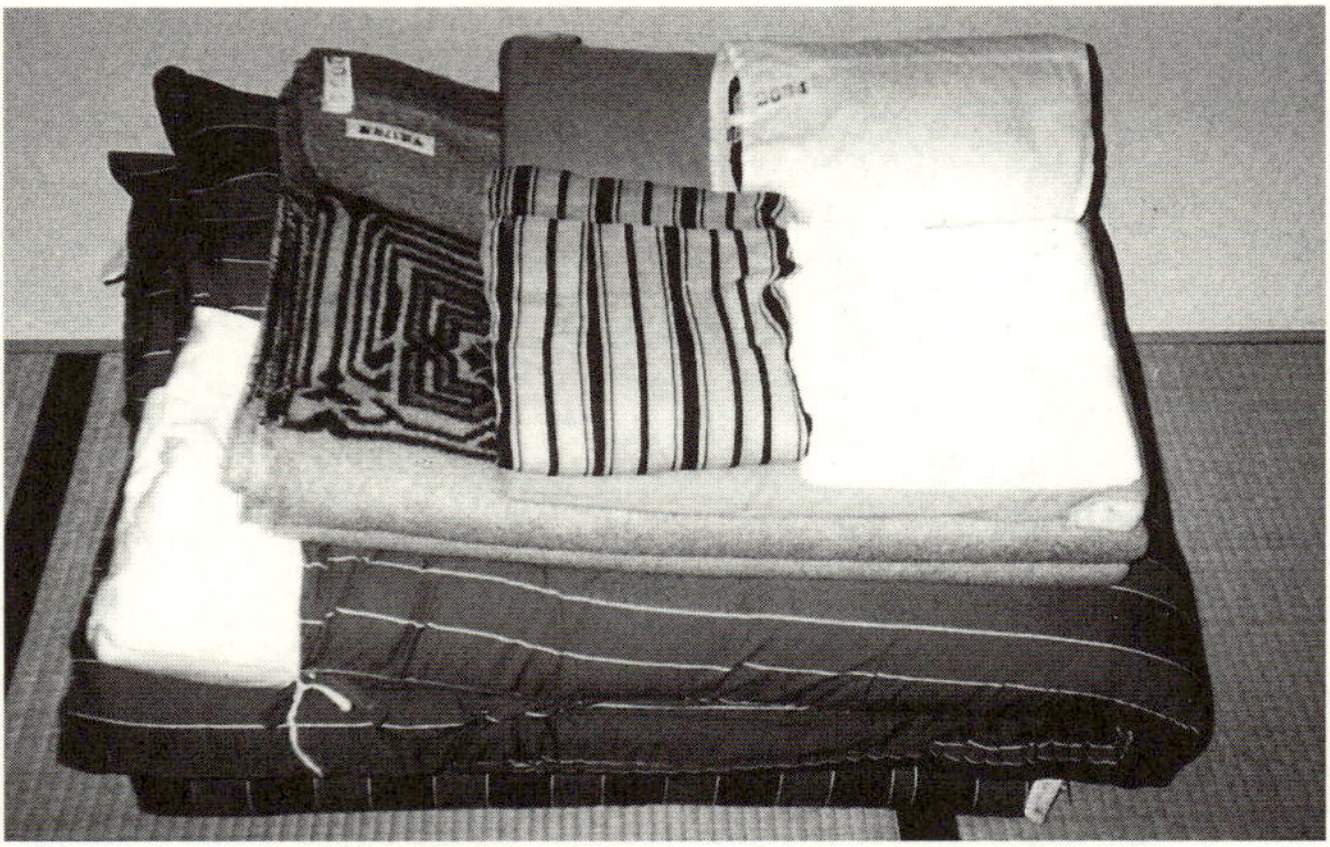

布団のたたみ方に関してもきちんと指導される。

日本には、交通刑務所と呼ばれている施設が二つある。東京矯正管区の市原交通刑務所と、西の大阪矯正管区にある加古川交通刑務所だ。前述したように、確信犯の懲役受刑者とは異なるだけに、刑務所の処遇も独自だと言われている。

「市原は学校とも団地とも見えるような４階建ての建造物に、その周囲をコンクリートの塀ではなくフェンスで囲んでいるらしい。一見して、刑務所とは分からないような造りになっているって……」

「へぇ～」

坂本くんは、感心したように頷いた。

「しかも敷地内に、教習所にあるような運転練習コースが設けられているという。近くを通ったら、合宿の自動車教習所に見えるかもね。ハハハ……」

野崎は、おかしそうに笑った。

「近くには『つぐないの碑』という交通事故被害者を供養するために碑が建立されていて、受刑者は毎日ここで被害者の冥福を祈ることを義務付けられているそうな」

「………」

「建物の中は、『新入寮』『準開放寮』『東開放寮』『西開放寮』と、完全開放寮の『希望寮』の5つに別れている。名称も我々の刑務所のような舎房じゃないんだ、寮なんだよ」

「………」

坂本くんは唖然とした表情のまま、野崎の話を聞いた。

「軽度の禁固受刑者もいるけど、懲役囚の刑務作業は全国の行刑施設で使われている『市原味噌』と『市原醤油』を造っていた。天然醸造で味わいが深く、CAPICでも大人気の商品だったんだよ。現在は造っていないけど……」

市原交通刑務所での受刑の流れとしては、下獄後すぐに「新入寮」に入寮する。ここは一般刑務所の独居と同じで、考査と訓練工場を兼ねているようである。考査と訓練期間が終了したら「準開放寮」に入寮。100平米程度の建物の中に、廊下を挟んだ二段式のベッドが並んでいる。一般刑務所の雑居といっていいだろう。

さらに刑期を事故なく過ごすと、東西の「開放寮」に移ることができ、ベッドが備わった個室で各自のプライベートが完全に守られた中で懲役生活を送ることができるのだ。そして仮釈放のために入るのは「希望寮」。ここで仮釈放前教育を二週間ほど受け、晴れて仮釈放の身となるのである。

「さすがに開放寮といっても居室同士の訪問は禁止されているけど、その代わり談話室が設けられているし、教育施設としての図書室まであるっていうよ」

「そ、それじゃ、刑務所じゃないじゃないですか!!」

坂本くんはあまりの処遇の違いを聞かされ、思わず叫んだ。

コラム

早期社会復帰の道、仮出獄制度（仮釈放）とは

日本の仮釈放制度は、世界の刑務所に比べ厳しいと言われている。仮釈放は、正式名称〝仮出獄制度〟という。仮釈放で出所できれば、一般人と同じようにシャバで生活できるが、身体はシャバにあっても、その身分は刑務所の中に置かれているので、服役中の受刑者と変わらない。だから、日本人の義務である納税をはたす必要はない。納税しないのだから、国民が持つ公民権は剥奪され、選挙権もない。仮釈放期間が満了すれば、公民権は復権する。

さらに仮釈放は、罪を犯した受刑者を早く刑務所から出し、シャバで自由にさせようというのだから、ある一定の基準をクリアせねばならない。

まず、刑期の3分の1を過ぎていれば、仮釈放の対象者としての〝環境調整〟が行われる。これは、法務省の〝保護監察所〟から保護観察官が地元の保護司と組んで、仮釈放者を迎える環境を調査することである。環境調整のため保護司が、身柄引受人と面談したり、帰住地となる住居を訪問したりする。重要とされるのは……

・帰住地があること。

・身柄引受人がいること。
・刑務所での行状が良好であること。
・被害者感情が良いこと。
・社会がそれを許すこと。
・再犯の恐れがないと判断されること。
・刑期の1／3を過ぎていること。

以上の条項を満たせば、仮釈放の〝準備面接（仮面）〟が実施される。仮面接前に「準備面接にあたり」というような内容の書類を渡される。それを、翌日分類課に提出し、仮面接の準備が整う。仮面接で訊かれることは、まず仮釈放を望む意思がある

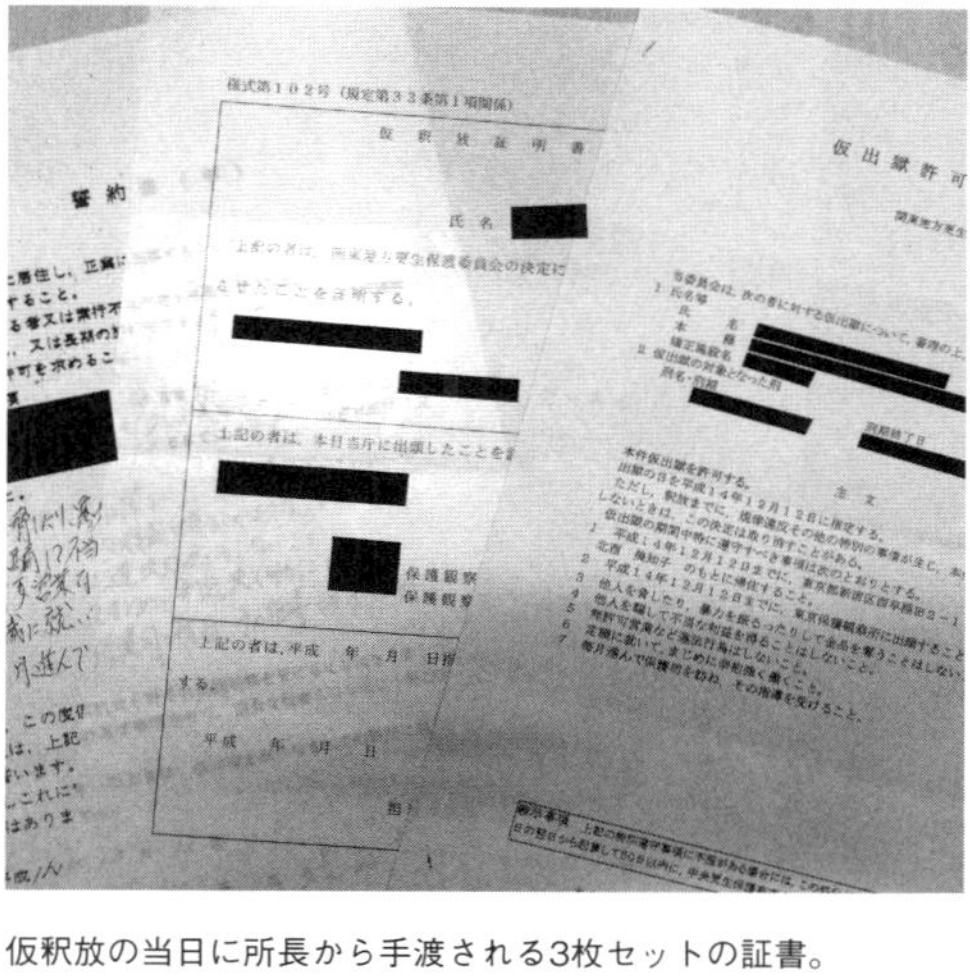

仮釈放の当日に所長から手渡される3枚セットの証書。

か否かだ。そして、出所後のことより、自分が起こした犯罪についてのことを多く質問されたように記憶する。かなり厳しく、重箱の隅を突っついたような質問には、何度も冷や汗を流した苦い思い出ある。

準備面接が終了して本面接なのだが、これは受刑者や事件の内容によっても個人差があるので記載しないでおく。委員面接（本面接）は仮面接とは違い、意外にやさしく事件のことより出所後のことを多く訊かれた。本面接が終了すれば畜髪許可（髪を伸ばせる）が出て、一般に8週間～10週間で刑務作業は終わり、2週間の〝仮釈放前教育〟を受講して仮出獄となる。仮釈放前教育は冷暖房完備の広い居室（舎房ではない）で行われ、シャバと同じように生活できる。テレビも見放題だが、カリキュラムにある矯正教育のビデオ等は決められた時間内に視聴せねばならない。

出所の朝は仮釈放者全員がそろい、所内の会議室のようなところで「仮出獄許可決定書」の授与式を行う。これは、刑務所の卒業式だと思ってくれていい。授与式の前日からリハーサルがあり、式はかなり厳粛に行われる。式典の終了後、晴れて仮釈放が叶うのである。

第十一章　全国刑務所の処遇事情　特殊な刑務所　前編

病人の世話や葬儀の手伝いまである医療刑務所でのお務め

刑務所の形態はじつに多種多様

交通刑務所と一般刑務所の処遇の違いを聞き、思わず叫んでしまった坂本くん。野崎が、坂本くんを諫めるように言った。

「違って当たり前さ。交通刑務所に服役する懲役囚は、意図的に事故を起こしたわけじゃないんだから。刑務所というより、味噌醬油の醸造工場の規則の厳しい男子寮、といった感じだって言っていたな」

「………」

坂本くんは、小さく頷いた。

「我々みたいに捕まったら実刑だと分かっていて、犯罪行為に手を染めるわけじゃないからね。みんな、事故に巻き込まれ、結果死人が出たわけだからね」

「そうそう、オレも留置場で交通事犯で捕まった人をみたけど、可哀想だったな」

横から、出野が口を挟んだ。

「その人には幼稚園ぐらいの娘がいてさ、大手のタクシー会社に勤務していて無事故無違反歴が17年。金が貯まったら、将来は個人タクシーの資格を取って、自分で商売を始めるのが夢だって言っていた」

坂本くんは、出野の話に耳を傾けた。

「ある暴風雨の日、自分の娘と同じくらいの子を乗せた自転車が風で横転してさ、避けきれずに子供と母親を轢いてしまった」

「………」

「子供は即死、母親も3日間意識不明のまま死亡。天候が悪いから安全に自転車の脇を通ろうと、速度をおとしての事故だった」

「………」

坂本くんは、黙ったまま出野を見た。

「それで、結構長い懲役に行くことになったと思うよ。今頃、市原交通刑務所で『つぐないの碑』に毎日懺悔してるんじゃないかな」

出野は、遠くを見るような目で話した。

「だから、交通刑務所の処遇は楽なんですね」

坂本くんは、ポツリと言った。

「あぁ、でも過去に犯罪歴のなかった人が、事故とはいえ人の命を奪って交通刑務所にいれられるんだから、その心境は計りがたいと思うよ。むしろ、厳しすぎる刑務所に入れられた方が、贖罪の気は晴らせるかも知れない」

出野の言葉に、一同は静かに頷いた。

特殊な形態の刑務所も存在する

「そんな意味じゃ、八王子医療刑務所やF級刑務所の横須賀も大変かもしれないね」

突然、野崎が呟いた。

「医療刑務所の八王子もF級の横須賀刑務所も、務める懲役囚は病人や米兵かもしれないけど、掃夫（＝刑務所の雑用係）は一般の懲役囚だからね」

「なるほど」

坂本くんは、感心したように頷いた。重病者が犯罪を犯した場合や懲役服役中に重病を患った懲役囚は、刑の執行が停止されない限り医療刑務所への移送が決定する。八王子医療刑務所は分類上、M級及びP級（＝心身に障害を持つ懲役囚）とされる。定員は433名、中には手の施しようのない末期患者も多くいるのだそうだ。この病床の懲役囚の身の回りの世話をするのは、一般の懲役受刑者である。

「確かにエリートが選ばれて掃夫として医療刑務所に配役されるけど、仮釈放とか処遇とかはいいけど務めは大変だってよ」

野崎に代わり、出野が話し始めた。

「まず病人の世話が、一番キツいって。結核を患った懲役囚や、末期癌の懲役囚、長期の服役で精神が病んだ懲役囚。服役のストレスで重度の糖尿病を患った懲役囚や、重いヘルニア等で歩行困難な懲役囚。一般社会の病院なら看護士がいて専門的に看てくれるが、素人の懲役囚に看護士みたいな仕事ができるわけもない」

出野は、坂本くんを見て言った。

「で、訪れる獄中での死……。この死んだ懲役囚の世話をするのは、またまた掃夫だ」

「えっ!!」

坂本くんは、小さく声を上げた。

「看護士から、葬儀屋に転職ってわけさ」

「ヒデぇ〜」

坂本くんは、うめき声を上げるように呟いた。

「入病中の懲役囚が死んだら、真夜中だろうとなんだろうと時間に関係なく叩き起こされるって。で、専門の看護士が遺体の湯灌を終えたら、それを棺桶に入れる作業なんかもするってよ」

出野は、大真面目な表情で言った。坂本くんや野崎らも、真剣に聞いている。

「八王子医療刑務所の霊安室には、常備6つぐらい棺桶が置かれていて、正面には質素な仏壇が設置されているんだ。その脇には何十もの無縁仏の位牌が祀られてるんだってよ」

「………」

みんなが沈痛の面持ちで、出野の話を聞く。

「遺体を運んだり、棺桶に入れたりした掃夫は、故人との関係が深いと見なされ、密葬への出席が義務付けられる」

「………」

出野は、淡々と話し続ける。

「喪服は着れないから、黒のスウェット上下での参列。そして始まる、読経の声……」

「もう、やめて下さい!!」

悲惨な話に堪えきれず、坂本くんが叫んだ。

「でも、仮釈放はいい」

出野はニヤッと笑い、話を締めた。

このような特殊な作業を強要される医療刑務所は、食事から処遇面、慰問や娯楽面、仮釈放なども優遇されているという。だが、獄死者の弔いなど常識では考えられない職種が刑務作業だけに、2度と八王子医療には行きたくないという声が殆どのようだ。唯一面白い話では、八王子医療刑務所敷地内の池には毎年カルガモが飛来し、親子となって病気療養中の懲役囚を慰めているとい

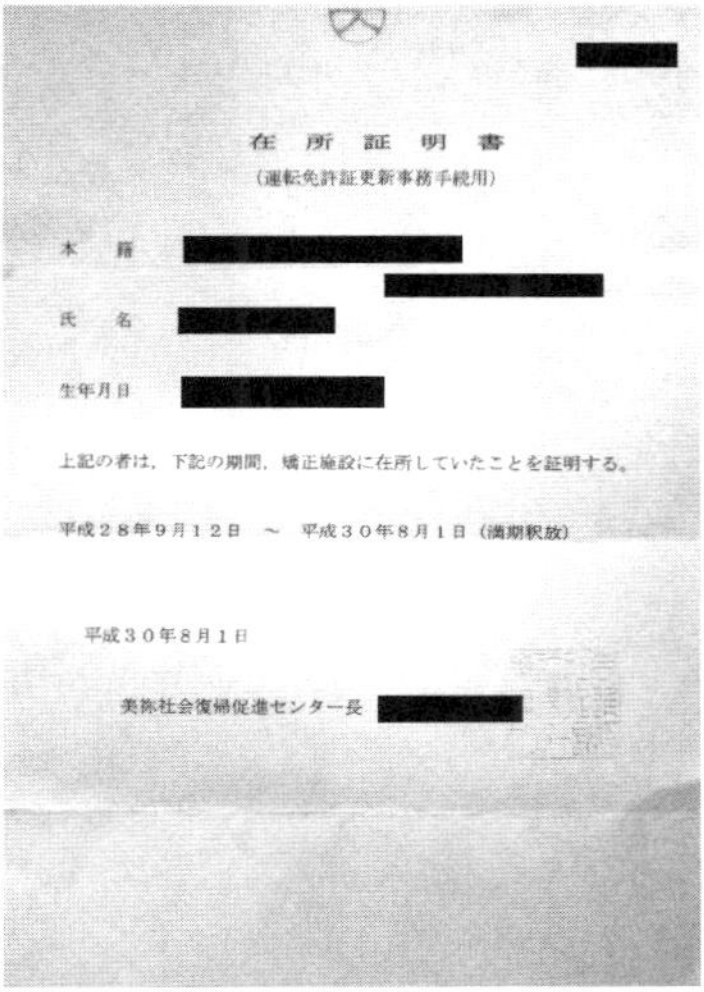
[redacted]

在所証明書

（運転免許証更新事務手続用）

本籍　[redacted]

氏名　[redacted]

生年月日　[redacted]

上記の者は，下記の期間，矯正施設に在所していたことを証明する。

平成28年9月12日　～　平成30年8月1日（満期釈放）

平成30年8月1日

美祢社会復帰促進センター長　[redacted]

免許証失効の際に使われる出所証明書

う。

「だったら、横須賀刑務所の方がいいかもね」

出野の話を黙って聞いていた野崎が、口を切った。

「なぜですか？」

坂本くんは、野崎に尋ねた。

「う～ん、横須賀刑務所はね、ある意味、治外法権的な刑務所なんだ」

野崎は、少し考えて話し始めた。

「ど、どんな風に、ですか？」

坂本くんは、野崎に尋ねた。

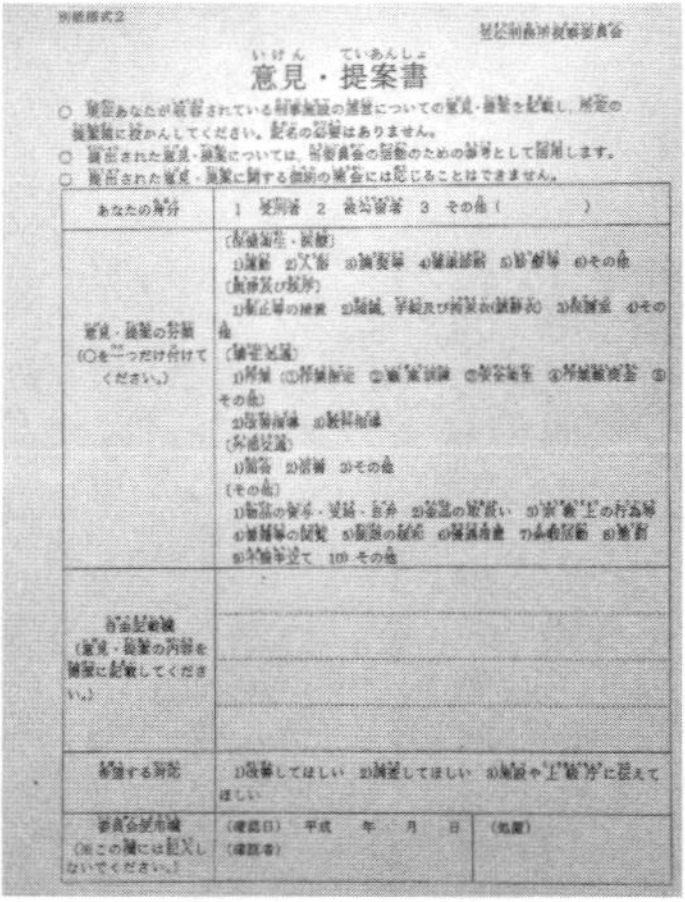

刑務所の処遇をよくするために受刑者の声を聞く用紙が配られる。

「日本に駐留している米兵の犯罪者を収容する施設だけに、米軍というかアメリカから予算が出されているらしいよ」

「本当ですか？」

坂本くんは驚いたように、野崎を見た。

「だから、日本人の懲役受刑者の1日の食事の平均が2800カロリー程度なのに対して、アメリカ人の懲役囚には1日に4000カロリーもの食事を提供しているというんだ」

「へぇ～」

「日本の懲役囚の1日の食費が平均4～500円程度なのに、毎日4000カロリーもの食事を出すんだから平均にして倍近い金額になるんだろうね」

野崎は、忌々しげに話した。

「血の滴るような部厚いステーキやパイにケーキ、毎食コーヒーまで付くってだから、その優遇ぶりは半端じゃない」

坂本くんらは、唖然としたような表情で野崎を見た。

実際、日本とアメリカとの間で「日米行政協定」が結ばれていて、米軍関係者の懲役囚には出所後、軍に戻れるように最低限の体力を維持するだけの食事を提供するように定められているらしい。日本では懲役は読んで字のごとく「懲らしめるための労役」であっても、米軍関係の懲役囚にだけは例外とされているようである。それだけに、刑務作業も単純そのものだという。

「現在服役中の米軍の懲役囚は10人程度。だから以前は横浜刑務所で造っていた『横浜ローズ石鹸』を横須賀の工場に移し、米軍の懲役囚たちが刑務作業に勤しんでいるらしいよ。今じゃ『横須賀ローズ石鹸』として、全国の刑務所に卸しているらしい」

今では殆ど見かけなくなった「横須賀ローズ石鹸」は、官物（＝官から無償で与えられる品物）の代名詞のような石鹸だった。香りがなくて、汚れも落ちにくい。領置金に余裕のない懲役囚でも、作業報奨金から石鹸だけは自弁購入していたものだった。最近では、官物石鹸として市販されている石鹸が与えられるようになり、横須賀ローズ石鹸はついぞ見なくなった。

「それじゃ、受刑者平等もなにもあったものじゃありませんね」

坂本くんは、怒りを露にして言った。

コラム

刑務所内で行なわれる作業と内容

高齢化が進んでいる刑務所の作業は、基本的に単純作業が多い。まず、1週間か2週間の訓練工場で、それぞれ受刑者の適性を判別。「経理工場」に配役させるか「生産工場」に配役させるかを決める。

一般的に経理工場にいくのは、初犯で堅気の受刑者が選ばれる。経理工場は、刑務所の生産工場で働く受刑者をサポートするのが仕事だ。該当するのは刑務所の食事をつくる「炊場工場」、全工場の受刑者の作業報奨金などを管理する「中央計算工場」、差し入れの書籍や新聞雑誌をチェックする「図書工場」、所内の印刷物やその刑務所の機関誌を発行する「印刷工場」、さらに受刑者の衣類を洗う「洗濯工場」に舎房などの備品が壊れたとき修理に向かう「営繕工場」など、数えあげればキリがない。

これらの工場に配役が決まれば、刑務所内ではエリートと呼ばれる。仕事が刑務官のアシスタント的な役割であるため、工場担当の刑務官に嫌われないかぎり仮釈放もいいし、残業食（17時時以降の作業）が振る舞われるなどの特典も多い。だから、経理工場はトラブルが少ないし、オヤジ（工場担当）も推薦してくれるので、仮釈放がいいと評判だ。

では生産工場はどうだろう。一般に生産工場は、長期の受刑者のための「木工場」と、地元の鉄工所などから下請け作業などを主業務にする「金属工場」が代表格とされている。さらに刑務所や刑務官の制服、キャラクターグッズ等の縫製を請け負う「洋裁工場」や、高齢者受刑者のための軽作業がほとんどの「紙折り工場（通称：モタ工）」などがある。

これら、生産工場に配役されると、紙折り作業や袋貼り作業などで受刑者の態度を観察する。若くてまじめな受刑者なら、１週間以内に高度な技術を持つ作業に従事することになる。帽子に赤線を巻いたり、安全靴の使用を認められたり、食等もＡ食（大盛り）になるのである。このようにして、刑務所内の工場は稼働していく。

こうして仕上がった製品は、ＣＡＰＩＣ（キャピック・Correctional Association Prion Industry Cooperation）で販売されている。

また、八王子医療刑務所などの特別な刑務所は、ほとんどが衛生夫（掃夫）として病床の受刑者の世話をする。もし、医療刑務所で亡くなった受刑者がでた場合には棺桶に収めたり、葬儀にまで出席することになる。

他にも、半官半民の社会復帰促進センターとして、美祢社会復帰促進センター（山口県）、播磨（兵庫県）、島根あさひ（島根県）、喜連川（栃木県）など、全国に4ヵ所ある。これらは法務省矯正局が運営する刑務所ではなく、半官半民で出資した社会復帰促進センターである。刑務作業を重視するより、収容者（受刑者）の社会復帰を目的に受刑（？）生活のカリキュラムが組まれているという。

第十二章　全国刑務所の処遇事情　特殊な刑務所　後編

アメリカ軍兵士が罪を犯した場合横須賀刑務所へ収監される

日米の微妙な関係は刑務所にもある

食い物の恨みは恐ろしいとはよく言ったもので、横須賀刑務所に服役する米軍兵の懲役囚の食事が日本の懲役囚のそれと大きく異なる話を聞いた坂本くんは、悪鬼のごとき形相をした。

「しかし、いくら国家の防衛のため命を賭して働く米兵とはいえ、そこまで面倒見なくてなくてもいいじゃないですかねぇ、野崎さん。所詮、ヤツらも我々と同じ犯罪者ですよ」

坂本くんは、野崎に向かって言った。

「確かに、坂本さんの言う通りなんだ。実際、沖縄の12歳の女子小学生を拉致した上に、強姦した米兵らも横須賀刑務所に服役していたらしいからね」

野崎の話に、一同の顔が豹変した。

１９９５年、沖縄県の米軍基地「キャンプ・ハンセン」に駐留するアメリカの若い海兵隊員３人が、沖縄北部の商店街で買物途中の小学生の少女を車で拉致した。その後、少女を近くの海岸まで連れて行き、強姦に及んだのだ。この鬼畜のような米兵らは横須賀刑務所に服役し、刑期を終え帰国した１人は後の２００６年に、再びジョージア州で女子大生を暴行し殺害。自らも命を絶つという、不幸な結末を向かえた。

「だったら、米兵には面倒見のいい横須賀に送るより、厳しい名古屋刑務所なんかに送ってやればいいのに……」

坂本くんは、憎々しげに言った。３人の米兵に下された日本の司法の判決は、それぞれ６年半から最高７年という軽微な刑の宣告。米軍の息がかかった横須賀刑務所ならではの、被害者感情など無視した上での仮釈放となっていたのだ。

「でもね、それだけの犯罪を犯した犯罪者が出所後、無条件で働けるとこって元いた米軍しかないじゃん。この不況時に莫大な予算が組まれている米軍なら、リストラの心配はない優良企業だよ」

野崎は、苦笑いしながら話した。だがアメリカ軍が彼らに下した処罰は「不名誉除隊」であった。日本でいう、「懲戒免職」である。彼らは腹いせに、「日本の刑務所で奴隷的労働に従事させられた」と、痛烈に日本国家を非難したという。

「とにかくアメリカも日本も、結局は出所後の受入れ先のある懲役囚を優先的に出すわけさ。それに、外国人はクリスチャンが多いから、生きている間に犯した罪は深く問わない教えになっている」

「………」

「生前の罪は、死後償うことになると本気で考えているらしい」

「へぇ〜」

坂本くんは、唖然としたような表情で答えた。
日本とアメリカでは、根本的に死生観が違っている。死後に罪を償うという教えを受けている外国人とは違い、日本では生きているうちに罪を償い、刑務所から出所すると生まれ変わるように真人間に更生させようとするのが、日本の法務省の矯正教育方針なのである。

何もかもが特別な半官半民刑務所

「再犯者増加の昨今、出所後の再犯防止や就職の斡旋をカリキュラムに入れたのが、美祢刑務所だ」

「み、美祢《みね》刑務所⁉」

坂本くんが、キョトンしたように呟いた。２００７年5月13日、日本初の半官半民刑務所「美祢社会復帰促進センター」が、山口県に誕生した。その名の示すように、ここは「社会復帰サポート美祢株式会社」という、セコム、清水建設、小学館プロダクションが出資し、懲役受刑者の社会復帰を第一に考慮した施設なのだ。

「いや、刑務所じゃない。美祢社会復帰促進センターだ」

野崎は、ニッコリ笑って言い直した。

「そ、それは、どういった刑務所なんですか？」

坂本くんは、興味深げに野崎に尋ねた。

「そうだなぁ。懲役囚を懲らしめ、厳しい労役生活を強制するのが一般の懲役なら、美祢社会復帰促進センターでは服役中に就職活動を推進し、仕事を決めてから出所させる。まさに読んで字の如く、社会復帰を促進させるためのセンターなんだ」

「へぇ〜そんな刑務所あるんだぁ！」

坂本くんは、感心したように頷いた。一体、どこで仕入れたのか、野崎の刑務所に関する知識は半端ではない。日本全国通津浦々に、強力な刑務所人脈やネットワークを持っているようだ。半ば尊敬の眼差しで見る坂本くんを知ってか知らずか、野崎は笑顔で話し続ける。

「一般刑務所と社会復帰促進センターの違いを衣食住で比較すると、まず衣類は着古されたアカテンではない。すべて新品が支給される」

「えっ、本当ですか?」

「あぁ。しかもユニクロ製なんだ。それに、称呼番号も縫い付けられていない。代わりに、ＩＣタグが胸に付けられているらしい」

「あ、ＩＣタグが……」

坂本くんは、唖然としたように口を開けた。美祢社会復帰促進センターに移送される懲役囚は、その殆どが大卒者や大手企業等に勤務していた経験があるエリート懲役囚ばかりである。だから、美祢社会復帰促進センターの懲役囚を分類する場合、今までの刑務所のようにA級B級などとは分けずに、「スーパーA級」という特殊な級に分類されているという。

「食事も最高で、一般刑務所のように懲役囚が炊場工場（＝刑務所の食事を造っている工場）で造るメシではなく、民間の方が食事を造っている」

◎美祢刑務所への受刑者受入れ条件

1. 準初犯を除く初犯者であること。
2. 日本の国籍を有している者、または日本国内での長期間の生活を有すること。
3. 犯罪傾向が進んでいないこと。
4. 原則として他人の生命または身体、精神に回復困難な損害を与える犯罪（殺人、強盗殺人、強盗、強姦等）を及ぼしていないこと。
5. 執行刑期がおおむね1年〜5年程度である。
6. 概ね26歳以上60歳未満であること。
7. 心身に著しい障害がない。
8. 集団生活に順応できること。
9. 引受人がいるなど帰住環境が良好である。
10. 同一の職または職場で3年以上勤務した経験がある。

※男子受刑者１〜１０のいずれも満たしている者
※女子受刑者１・２・３・７の条件を満たしている者

「あぁ、それなら、オレも聞いたことがあるような気がする。噂では3度の食事は銀シャリで、仕出し弁当屋が造ってくれるって…」

出野が、口を挟んだ。

「いや、民間の仕出し弁当屋ではなく、炊場工場がない代わりに民間の人が作る食堂のご飯が出るってよ。もちろん、他刑と差がないように麦シャリらしい」

野崎は、チラッと出野を見た。

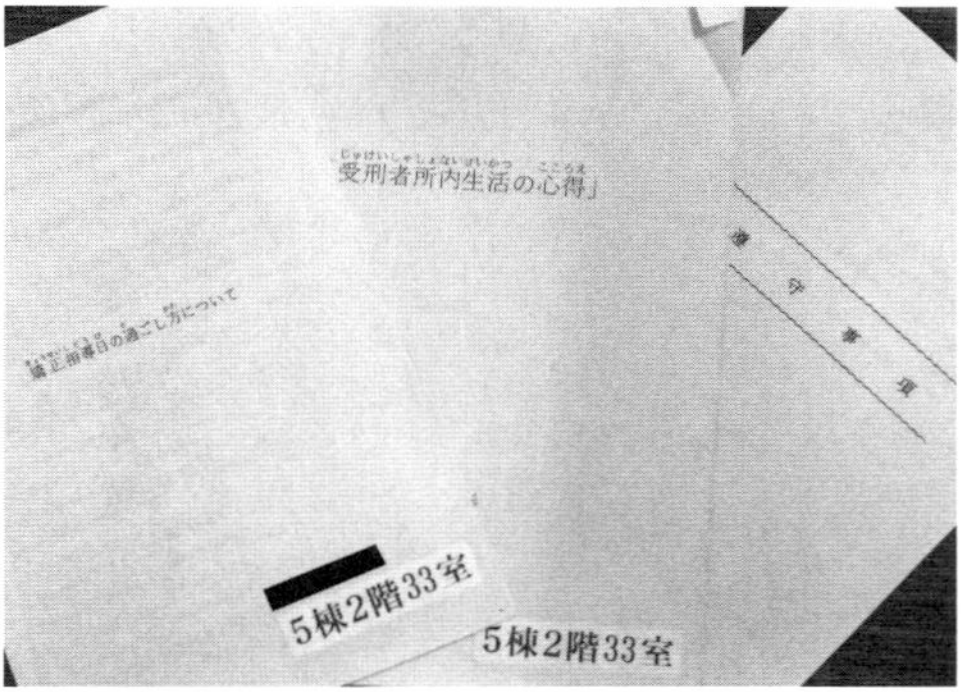

松江刑務所の各舎房に備えつけられている刑務所内での心得等を記した冊子。

「また、美祢には一般の人向けにレストランが併設されていて、そこでの人気はやはり『美祢定食』と呼ばれるムショ飯。午前11：30～午後13：30の間、３７０円を払えば限定20食の美祢定食を食べることができるのだそうだ」

「それじゃ、網走刑務所に併殺されている『網走監獄博物館』と同じだ」

坂本くんが、思わず呟いた。一同は、うんうんと頷いた。

実際、ネット上では美祢定食を食べた人の

話が多く紹介されていて、ご飯が麦シャリだったことを喜んだように書いてあったらしい。

「朝は吉野家の朝定食のような感じ。毎日のメニューは趣向が凝らされていて、懲役囚の評判は上々だそうだ。病院の温冷ワゴンで運ばれてきて、各々に配膳される」

野崎は、淡々と話し続ける。

「ただし、あまりにも全般に渡って恵まれているだけに、祝日菜や甘シャリなどの刑務所特有の食事はないそうな」

野崎は、ニンマリと笑った。

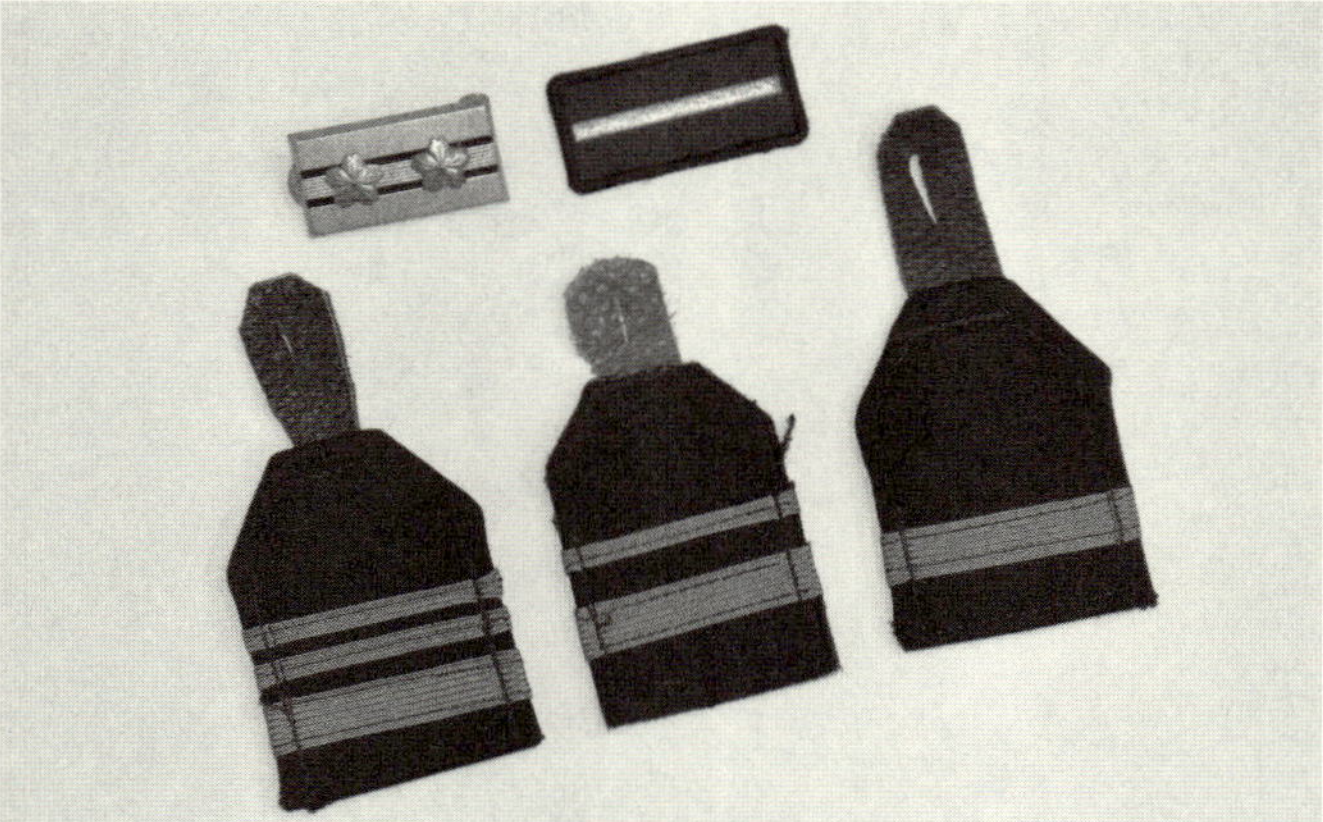

鳥取刑務所の刑務官の階級章。

「住居となると、もっと羨ましくなるぞ」

野崎は一息ついて、勿体つけたように話し始めた。

「新築だってのは勿論のこと、建物にも趣向が凝らされている。なんといっても、舎房の95％が独居であること。初犯の黒羽刑務所より独居が多いということは、日本で1番プラバシーが守られている刑務所ってことだな」

「はぁぁぁ…」

坂本くんが、大きくため息をついた。

「それも、黒羽のような普通の独居ではない。市原交通刑務所と同様、居室内にはベッドが備え付けられているんだ」

「そ、そんな!!」

またまた、坂本くんが叫んだ。

コラム

受刑者最大の楽しみのひとつ「慰問」

刑務所の楽しみのベスト3といえば、お正月に運動会。そして、〝慰問〟ではないだろうか。

数多くの慰問の中でも、日本の刑務所史上、最高の感動を呼んだといわれる慰問がある。それは平成24年（2012）8月26日、日本で唯一の神輿製作を刑務作業とする、富山刑務所を故・高倉健が表敬訪問し、受刑者の前で講演を行ったという慰問だ。奇しくも、高倉健の遺作となった映画『あなたへ』は、富山刑務所の第四工場（神輿製作）が舞台となっている。よりリアルさを求めた高倉健は、5日間も富山刑務所の至るところでロケを行ったという。

閉鎖社会である刑務所は、あまりメディアの所内撮影を好まないのが普通だ。受刑者のプライバシーを危惧してのことだろう。だが、富山刑務所側は全面的に所内撮影に協力し、それに感謝した高倉健が慰問にきたのである。

当日、高倉健は、黒い半袖のポロシャツとグレーのズボンというラフなスタイルで、受刑者350人の前に登壇した。

「1日も早く、あなたにとって……大切な人のところへ帰ってあげてください。心から祈っています」

この笑顔が見たくて懲罰者が減るという「Ｐａｉ×２」のふたり。後ろは筆者。

最後の締めの言葉で、高倉健は目に涙を浮かべて絶句した。富山刑務所は、ヤクザが多いサムライ刑務所である。当然、健さんの極道映画の薫陶を受け、ヤクザになった受刑者も多くいる。そんな受刑者全員が、感涙にむせいだ慰問だった。

この高倉健の慰問が剛なら、柔の慰問は落語家の七代目桂才賀師匠であろう。才賀師匠は、国民的人気番組・日本テレビ系の『笑点』のレギュラーを8年も務めた人気落語家である。その裏で、

1983年から始めた刑務所慰問は2018年現在で約35年。慰問回数は約1200回という、ギネスなみのレコードを保持。

受刑者を楽しませる慰問が中心で、〝芸激隊〟という慰問団を結成している。また、篤志面接委員や矯正支援官を拝命。著書に『刑務所通いはやめられねぇ―笑わせて、泣かせる落語家慰問』（亜紀書房）などがあるほど。

男性陣に負けじと、女性の慰問デュオもいる。刑務所のアイドルと呼ばれる「Pai×2（ぺぺ）」である。「Pai×2」の2人はともに鳥取県出身で、Manamiは岡山大学個体地球化センターに勤務、Megumiは元看護師だったという、普通の女の子たちであった。

彼女たちは「Pai×2」としてデビュー以来、刑務所慰問452回（2018年現在）を行っている。この「Pai×2」が慰問にくると告知があると、彼女たち見たさに、極端に懲罰にいくも受刑者が減るという。

今ではふたりはともに、保護司と矯正支援官を拝命。「Pai×2」の夢は、受刑者にもテレビで見てもらえるようNHKの紅白歌合戦に出ることだ、という。

第十三章　全国刑務所の処遇事情　半官半民刑務所・美祢編

社会復帰を第一目的とした施設は一般刑務所とはすべてが違う

社会復帰促進センターの実情

一般社会のニュースでは、民間刑務所と報道された美祢社会復帰促進センター。実際は、日本国家と民間企業のセコム、清水建設、小学館プロダクションが相互出資し運営する、半官半民の刑務所である。名こそ「社会復帰促進センター」などと付けられてはいるが、全国の刑務所の一つであることには間違いない。だが、処遇面は一般の刑務所とは大幅に違っていて、「スーパーA級」と呼ばれる社会でもエリートだった懲役囚らが一所に集められて、社会復帰に向かって更生教育を受ける場……それが美祢社会復帰促進センターなのだ。

「はぁ、個室にベッド付きだなんて、あまりに違いすぎて腹が立ってくる」

坂本くんは、怒りを露にして言った。

「仕方ないさ、それも運だろ」

野崎は、冷静な口調で答えた。隣にいた出野も、そうそうと頷いている。

「ボクだって、五栄社（仮称）という大手出版社にいたんだ。大学だって法経大学（仮称）だし、エリートのはずなのに」

坂本くんが、納得できないとばかりに呟いた。現在、半官半民刑務所は、全国で4ヶ所運営されている。

1 **美祢社会復帰促進センター**
2007年5月13日開設
刑務官123人　民間SPC220人
収容人員男子500人　女子500人

2 **播磨社会復帰促進センター**
2007年10月1日開設
刑務官100人　民間SPC120人
収容人員男子1000人

3 **喜連川社会復帰促進センター**
2007年10月13日開設
刑務官250人　民間SPC150人
収容人員男子2000人
うち知的障害者や身体障害者の受刑者500人

4 **島根あさひ社会復帰促進センター**
2008年10月23日開設
刑務官200人　民間SPC300人
収容人員男子2000人
軽度の障害者も受入れ可能

社会復帰促進センターだけで、スーパーAと呼ばれる懲役受刑者が6000人（内女子500人障害者500人）も服役しているのである。

「全国4ヶ所で6000人も収容する社会復帰促進センターの空きがなかったと、諦めるしか仕様がないよ、坂本さん」

野崎の言葉に、坂本くんは小さく頷いた。

「確かに坂本さんのようなエリートが、再犯の新潟なんかに来るんだから、落ち込む気持ちは分からなくもない。でも、佐渡島刑務所だって矯正施設だ。初犯の坂本さんに相応しい扱いをしてくれるはずさ」

野崎は、坂本くんを慰めるように言った。一同も、野崎の言葉に頷いている。

「でも色々な面で、一般刑務所と社会復帰促進センターは違うでしょ?」

気を持ち直して、坂本くんは野崎に尋ねた。

「そりゃそうさ。まず建物の構造が違う」

「どんな風に?」

「刑務所を塀の中というように、高いコンクリートの塀で囲まれているのが従来の刑務所だ。しかし社会復帰促進センターは、2重のフェンスだけでシャバとの間を仕切っているだけなんだ」

「塀がないんですか⁉」

坂本くんは、唖然としたような表情で訊いた。

「あぁ。それに建物も違うぞ。施設内に娯楽のための多目的ホールが設けられていて、ホール内では飲み物がフリードリンク制になっている。また教育施設としては図書室が設けられていて、かなりの蔵書や新刊本も揃っているらしい」

「いいなぁ〜」

坂本くんは、ポツリと呟いた。社会復帰促進センターの懲役受刑者の優遇ぶりは、それだけではない。居室と呼ばれるベッド付きの舎房は半解放で出入りは自由。一般刑務所の就寝時間である午後9時に自動ロックされるので、それまでに戻れば良いとされている。完全就寝は、午後10時。起床時間は一般刑務所並みの午前6時50分だが、明るくなっていれば読書することも自由。入浴時間なども、一般刑務所の倍の30分もあるという。

「民間会社のセコムが地域住民のＳＰＣ（＝民間の刑務官）を採用しているので、刑務官の半分は民間雇用者なんだ。だから我々と話す権限はないし、もちろん怒鳴ることもできない」

野崎の口から、驚愕の刑務所生活が語られていく。

「懲役を懲らしめ、２度と刑務所には行きたくないという気持ちにさせるのが一般の刑務所なら、社会復帰促進センターは犯した罪は罪として償わせ、新たに生まれ変わり社会復帰に備え勉強する場を提供する新しい刑務所、いや施設なんだ」

「………」

「だから、刑務作業も１週間に２日半ほど。残りの時間は職業訓練に割かれている」

「………」

みんなが、野崎の話に聞き入っている。

「ノートパソコンが貸与されワードやエクセルなどを習得し、ホームヘルパー、ボディセラピー、ケアマネージャー等資格がすべてが無料で取れるんだ。点字や手話、高度なものではパソコンのプログラミング言語ＪＡＶＡなども取れるらしい」

美祢社会復帰促進センターに入所すると、３ヶ月間の「キャリアガイダンス」が行われ、一般的なビジネス知識の習得や自分の適正に合った職業を選択するためのアシストをしてもらえる。そして出所前になると更に就活が盛んになり、全国のハローワークと提携したライブカメラによるバーチャル面接まで実施されるという。

「そんな施設だから、懲罰に行くのもいないってわけさ」

野崎は、長い話を終えた。

「はぁ～!!」

一同から、思わず溜息が漏れた。

「でも、他人の家の芝生は青く見えるって言うじゃない。社会復帰促進センターを羨むより、現状でどのようにすれば早期社会復帰できるかってことを考えるべきなんだよ、坂本さん」

野崎は、坂本くんに向かって言った。

「そ、そうですよね」

坂本くんは、突然の野崎の言葉に驚いたように答えた。

「ここ最近、坂本さんはアカテンを改造しようとしたり、目が悪くないのに眼鏡を作ろうとしたり、彼女にタオルを差し入れさせたり。それに、引き回しの老刑務官に反抗的な態度をとったりしてるじゃない？」

「え、ええ」

「坂本さんは初犯なんだから、あまり刑務所慣れた再犯の真似ばっかりしてると、オヤジにハッつかれる（＝目を付けられる）よ」

野崎は、坂本くんに注意するよう促した。

刑務所内の作業所で造られた製品の即売会も行われる。

「は、はい、そうですね」

坂本くんは、気のない返事をした。野崎は、そんな坂本くんを不安そうに見た。

1週間後、野崎の不安は不幸にも的中した。坂本くんは、担当抗弁（＝刑務官に対する口答え）で懲罰行きとなったのである。

「可哀想なことしたな」

野崎は連行されていく坂本くんの後姿を見て、感慨深げに呟いた。事の発端は、坂本くんに送られてきたタオルに起因する。その日、朝の郵便物や差入れ下附の確認の時、坂本くんも担当台に呼ばれた。この差入れが原因で苛つき、担当抗弁で懲罰に行くことになろうとは、この時点では知る由もない。

「110番、坂本敏也！　110番、坂本敏也!!」

佐渡島刑務所3工場担当刑務官であり、懲役を陥れることが趣味だと公言する鬼刑務官・大塚達夫・堀田一樹部長が、坂本くんを呼んだ。

面会は受刑者にとって最大の楽しみと言われている。

「は、はい‼」

坂本くんは慌てて立ち上がり、手を腰に当て担当台に移動した。刑務所の移動法「小走り」である。担当台に立っている堀田部長は、駆けてくる坂本くんを見て、顎で食堂に行けと促した。坂本くんは方向転換し、工場内の食堂に向かった。

「ほい、称呼番号、氏名は？」

会計課の若い刑務官が、坂本くんに尋ねた。

「はい、１１０番、坂本敏也です」

「よし、そこに座れ」

会計課の刑務官は、坂本くんの前に几帳面に包まれた小包を出した。

（おっ、ミチコに頼んだU社のタオルだな）

坂本くんは、ニンマリと笑った。

コラム

ちょっと女子刑務所編

女囚用語一覧

❶チンタラ＝レズのこと。語源は、チ〇コが足らない、から来てるという。

❷トイチ＝レズの男役。昔はタチと呼ばれた。語源は、カタカナのトには出っ張りがあり、それを男性器になぞらえた。

❸ハイチ＝レズの女役。昔のネコのこと。これまた、カタカナになぞらえ、ハの字型に股を開くのが女だから…‼

❹およね＝でしゃばりな女囚のこと。語源は、童謡の「愛ちゃんは太郎の嫁になる」のフレーズ、♪でしゃばりおよねに手を引かれ〜愛ちゃんは太郎の嫁になる〜♪からです（笑）‼

❺葬式マンジュウ＝腹黒い女囚のこと。まんじゅうの腹を割ると、中身のあんこが黒いことに例えたのが、語源と言われている。

❻懲役花子＝懲役三回以上の女囚の総称。懲役太郎の女性版、ということで…‼

❼とばす＝自分の物を人にやること、または貰うこと。男子刑務所では、反目の相手に、満期に近い者にケンカを売らせ、工場を追い出すことを「飛ばす」という。

❽生理入浴＝生理になった女囚だけを集めて入る風呂のこと。お湯には浸からせず、シャワーや洗体で入浴をすませる、女子刑務所だけの処遇。

❾甘シャリ＝刑務所で出る、ぜんざいやお菓子等の甘い食べ物を総称して甘シャリと呼ぶ。

❿ヒラタン＝階級のないペーペーの刑務官の蔑称。

⓫シケハリ＝見張り役のことで、シキテン張りの九州なまり。

⓬ズー＝シケハリが来たという合図で、「ズー・ズー」と連呼して使う。

笹松ヘア（女囚ファッション）の作り方

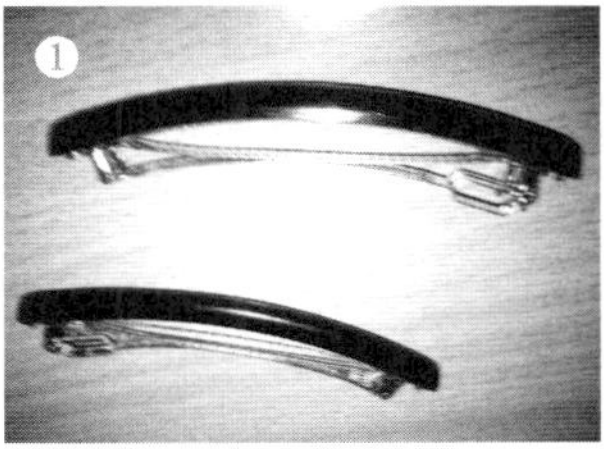

❶使用するのは、ヘアゴム、髪留め(バレッタ)、ヘアピン(刑務所内で購入貸与される物)
❷まず、髪をポニーテールのように結びその束の下部を結びます。
❸次に髪の束を上に上げた状態でバレッタで留め、下の結び目を巻き込みもう一つのバレッタで留めます。
❹団子状になった髪の左右をピンで留めて出来上がり。
所要時間数分の刑務所的まとめ髪です。
映画「禁断の女子刑務所」(著者原作・影野臣直、日本文芸社)の盆踊りシーンで、
女優仁科仁美さんもこの髪型で演じています。

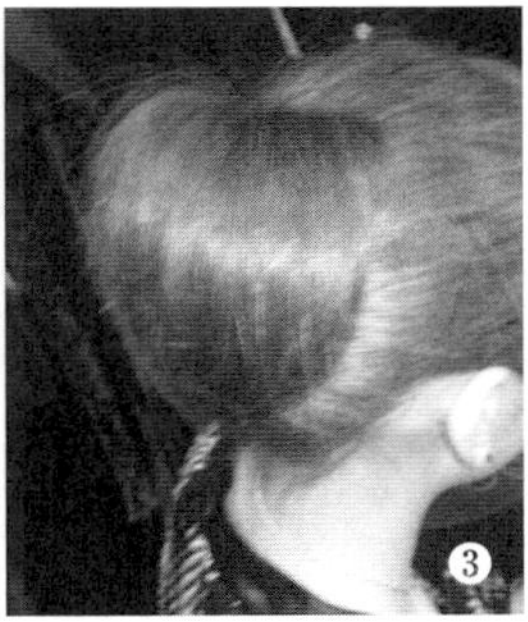

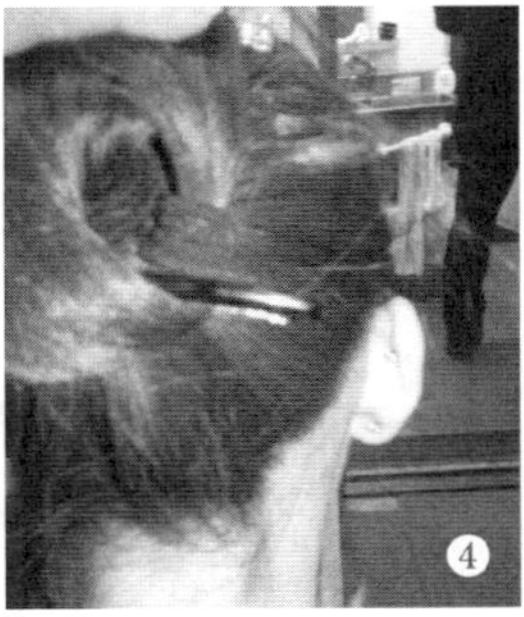

麓刑務所の受刑者が描いた女子舎房着

女子刑務所の舎房着は男子刑務所よりも充実している。女子だけにズボン、スカート、ワンピースの着用が許されている。下着も携入品を用意し、カワイイものを揃える。刑務所でも女子は女子である。

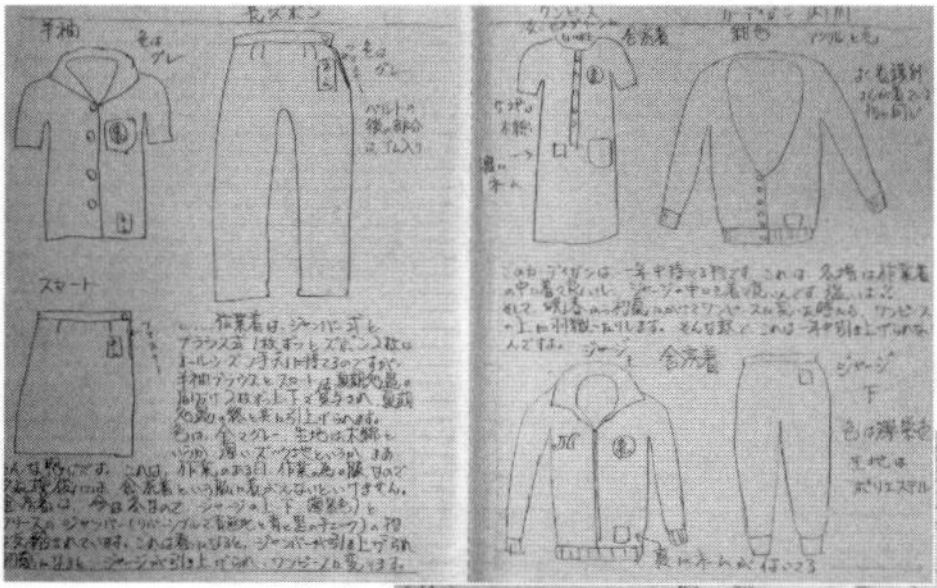

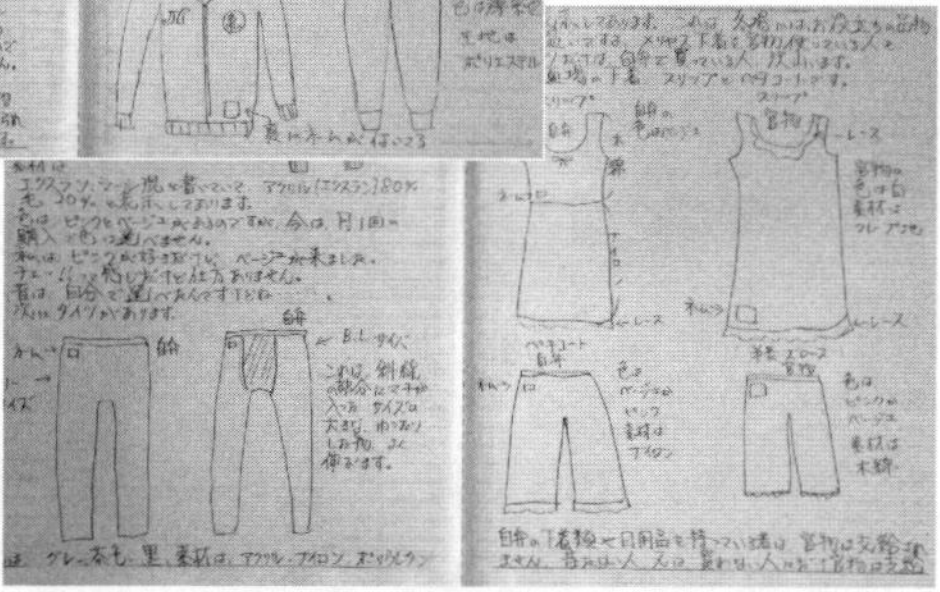

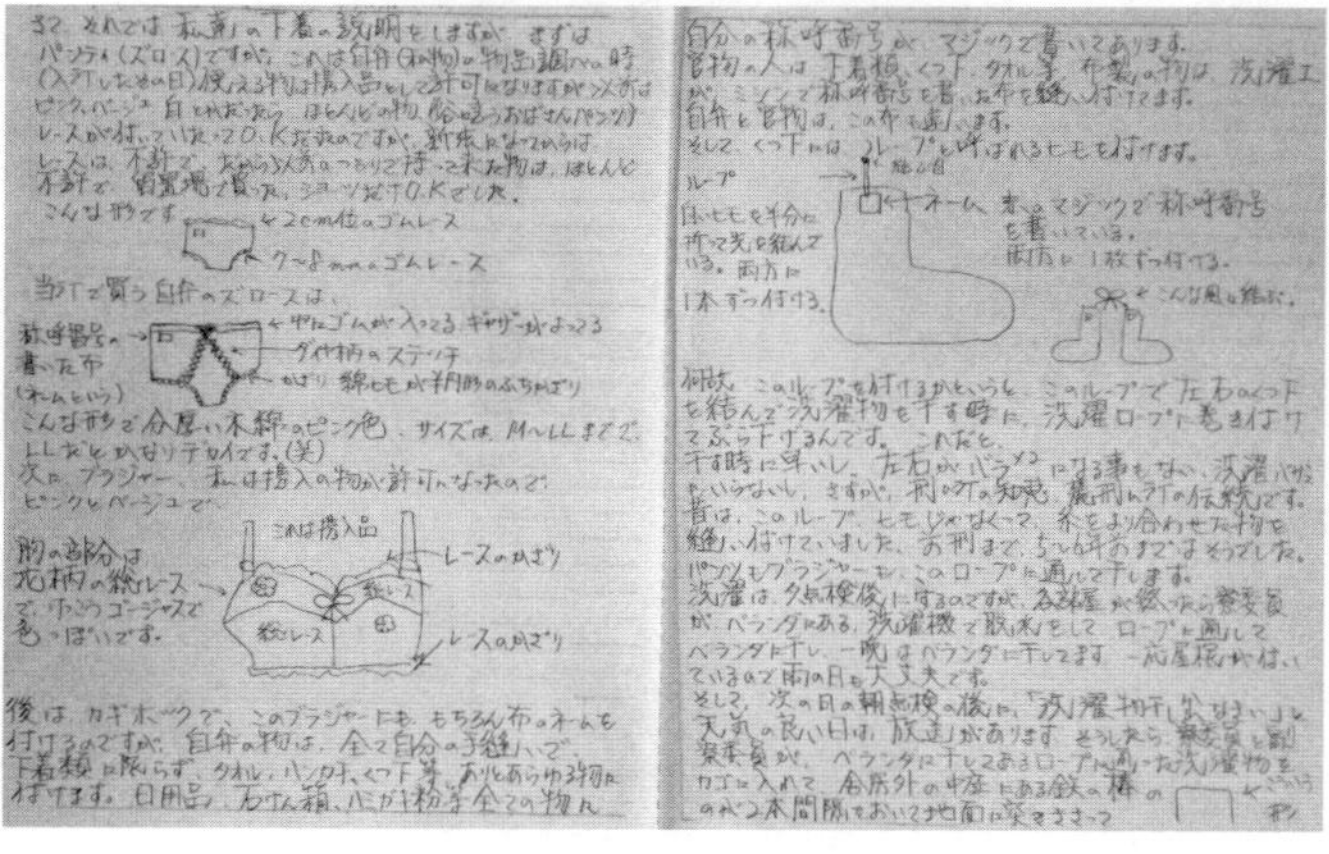

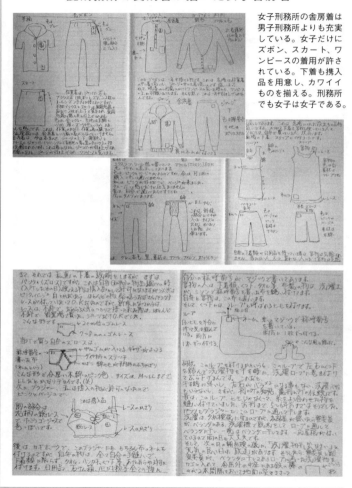

第十四章　解罰　工場出役

些細な失態を犯しただけでも懲罰という落とし穴が待っている

服役中の懲罰とはいかなるものか

刑務所では現金や差入れが届いた場合、送られてきた物に間違いがないか否か、本人に直接確認させるようになっている。だが確認が原因で苛つき、後に懲罰送りになろうとは、この時点では知る由もない。坂本くんは、嬉しそうに小包を開けた。

「あっ!!」

なんと、包みから出てきたのは頼んでいたカラフルなタオルとは全く違う、真っ白なタオルばかりであった。

(内野洋行のタオルではあるけど、白いタオルじゃ官物と一緒じゃん!!)

坂本くんは呆然として、受け取りの書類に指印を捺した。ちょうどその時、運動の時間となった。

「作業止めぇ〜！」

大塚部長が、大きな声で指示した。

「まったく、冗談じゃないですよ、白タオルなんて……」

「ワハハハ……」

運動の時間、ここぞとばかりに出野に不満をぶつける坂本くん。出野は、大きな声で笑った。

「確かに面会の時間も残り少なくって、今になって思えば色指定までしなかったような気がします」

坂本くんは、憮然とした表情で話した。

「ま、刑務所を知らない女なんて、みんなそんなもんだよ」

出野は、坂本くんを慰めるように言った。坂本くんも苦笑いしているが、内心は怒り心頭であろう。その時である。


「お～い、110番、坂本敏也。ちょっと来い！」

休憩から帰って来た大塚部長が、手に紙切れを持って坂本くんを呼んだ。

「は、は～い!!」

坂本くんは訝しげに担当を見て、面倒臭そうに返事をした。

「ねぇ、坂本さん、なんか理不尽なこと言われても、オヤジに逆らっちゃ駄目だよ」

野崎の直感がなにかを感じ取ったのか、坂本くんに注意を促した。坂本くんはコクッと小さく頷いて、大塚部長のところに駆けていった。

「おい、坂本！　これは、なんだ？」

大塚部長は手に持った紙片をヒラヒラさせ、不機嫌そうな表情で坂本くんに尋ねた。

「はぁ？」

坂本くんは、大塚部長の紙切れを手に取った。それは1週間ほど前に書いた、アカテンの改造願いの願箋であった。

「これにはズボンがキツくて仕方ないと書いてあるが、おまえのズボンのどこが細いんだ？」

大塚部長は、意地悪そうに坂本くんを問い詰めた。

「い、いや、見た目以上に、キツいんでよ。だから、修理を願い出たんですが……」

坂本くんは、言い訳がましく答えた。その刹那、キラッと大塚部長の目が光った。

「修理願いは受理してもいいが、今のままじゃ無理だな。工場担当が判断して、細いか太いか決めるんだ。どうしても直しに出したいなら、オレを納得させろ」

「………」

「そんなひ弱な下半身じゃ、ズボンを直す必要もない。もう少し、足腰を鍛えろ」

「………」

初犯の坂本くんには、大塚部長がなにを言いたいのか意図が汲み取れない。

「お〜い、伊東先生‼　ちょっとお願いします」

大塚部長は、空手の達人と噂される伊東竜司刑務官を呼んだ。

「先生、こいつ、先生のように太い足になりたいそうですわ。足腰を鍛えるために天突き運動でも毎日やらせますから、面倒見てやってください」

「あっ、それはいいですね。よし、坂本、今から天突き運動だ！　オレが『よし』というまで続けるんだぞ、いいな‼」

伊東刑務官は坂本くんに向かい、からかうように言った。これに坂本くんがキレた。

「な、なんでボクが、そんなことしなくっちゃならないんですか‼」

坂本くんの咆哮を、同囚の野崎や出野が唖然として見た。哀れ坂本くんは、担当抗弁で処遇課に連行された。


（あぁ、ボクはなんて愚かな男なんだろう）

坂本くんは、取調べの独居の中で心底悔いていた。野崎らが初犯の坂本くんを暖かく見守ってくれた雑居房と違い、一人孤独に暮らす独居拘禁の取調べ。坂本くんは先々の不安と後悔で、涙すら浮かべていた。

取調べ期間は最長28日間と決められており、昼間は紙折り等の軽作業をして違反行為の取調べを待つ。この取調べ期間は、ペナルティーとしてテレビ視聴や慰問、イベント等には参加できない。そして数回の取調べで調書を巻き終え、懲罰審査会（＝懲罰への裁判）を迎えることになる。翌日は判決日、懲罰の申し渡しだ。一般に刑務所の懲罰は8段階に分かれている。

懲罰の種類

ア　叱責
イ　賞遇の3ヵ月以内の停止
ウ　賞遇の廃止
エ　文書、図画閲読の3ヵ月以内の禁止
オ　請願作業の10日以内の停止

カ　運動の5日以内の停止
キ　作業賞与金（＝現作業報奨金）計算高の一部又は全部減削
ク　2月以内の軽屏禁（＝現閉居罰）

となっている。だが実際に科せられる懲罰は、アの叱責とキの作業報奨金計算高の一部又は全部減削、つまり罰金。そして、2月以内の軽屏禁の併せて3つ程度だ。アは口頭での厳重注意で終わり、キは500円ほどの罰金を作業賞与金の中から徴収される。だから、本当の意味での懲罰と呼ばれるのは、閉居罰だけであろう。

「110番、坂本敏也……閉居罰10日間だ。以上‼」

3週間の取調べを終え、向かえた懲罰審査会の翌日。坂本くんは朝一番で懲罰審査会の向かいの部屋に連行され、処遇課の部長から判決を言い渡された。

「………」

坂本くんは、無言で俯いた。

「おい、坂本、行くぞ!!」

引き回しの老刑務官が、坂本くんを促した。

「は、はい」

坂本くんは、がっくり肩を落とし返事をした。

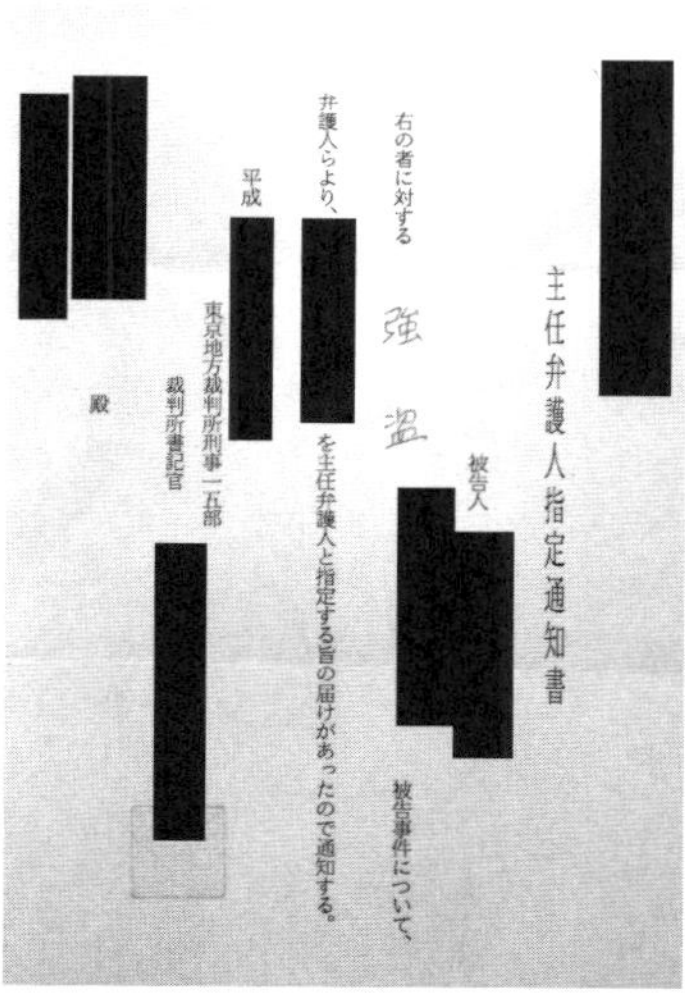
[redacted]
主任弁護人指定通知書
被告人 [redacted]
右の者に対する　強盗　被告事件について、
弁護人らより、[redacted] を主任弁護人と指定する旨の届けがあったので通知する。
平成 [redacted]
東京地方裁判所刑事一五部
裁判所書記官 [redacted]
[redacted] 殿

弁護人を指定するための用紙。

懲罰が申し渡されると懲役囚は取調べの舎房に戻り、歯ブラシとチューブ、タオル、チリ紙程度の最低必需品のみ使うことを許され、書籍やノートや筆記具からヒゲ剃り等のすべては持つことを許可されない。懲罰期間は一週間から10日間は入浴も許可されないし、ヒゲ剃りやガリ（＝刑務所内の散髪）もできないことになっている。懲罰とは、懲役囚が最低限保障される日常生活の権利のすべて剥奪されるのである。

「おい、坂本！　もう少し姿勢を正せ!!」

懲罰房の担当刑務官が、坂本くんの受罰姿勢が悪いと指摘した。

「は、はい」

坂本くんは、焦ったように応えた。

懲罰房の1日の生活は、一般懲役囚が工場へ出役する朝食後の午前7時半頃から、終業後の午後6時半頃（＝冬場は5時半、各刑務所によって多少異なっている）までズーッと座っているだけである。正面の鉄扉に向かって、安座か正座のまま1日中過ごすのだ。用を足すにも時間制限があり、午前9時半と午後3時の2回のみ。それ以

精力的に作家活動を続ける筆者。

外で用便をするには報知器を下ろし、担当刑務官の許可をもらわなくてはならない。懲罰を受ける受罰姿勢も、背筋を伸ばし顎をひく。手は太ももの付根に置き、正面に向けて指をピーンと伸ばさなくてはならない。目を閉じて黙想していてもいいのだが、眠ることは減点の対象となる。もし受罰態度が悪く減点数が多いと、追懲罰になる可能性もあるという。坂本くんは歯を食いしばり、懲罰房での生活に堪えた。

（これで仮釈放の出所はないいな）

仮釈放を諦めた坂本くんは覇気を失い、植物人間のような虚ろな表情で鉄扉を睨みつけていた。ただ座ったままで過ごす、懲罰房の1日は長い。坂本くんは何度も何度も足を組み直し、過酷な受罰姿勢で懲罰を乗り切った。

「おい、坂本！　称呼番号、氏名!!」

懲罰明けの朝、食後すぐに分類課の部長が現れた。

「はい、110番、坂本敏也です」

「よし！」

担当は、鋭い眼光で坂本くんを見た。これから口頭で、坂本くんの新たな配役工場が申し渡される。坂本くんは、緊張の面持ちで刑務官を見た。

「坂本敏也、第3工場！」

「えっ⁉」

坂本くんは、思わず声を上げた。通常、担当に逆らったのだから、元いた工場に戻れることはあり得ないことだ。

「これはオレの一人言だが、大塚部長からの指名があったらしい。初犯の坂本に、もう1回チャンスを与えようと……」

坂本くんは驚愕の表情のまま固まっている。分類の刑務官は、坂本くんを見てニヤッと笑った。

「仮面《かりめん》（＝準備面接）や本面《ほんめん》（＝委員面接）の前の懲罰なんて、仮釈放にさほど影響せんからな。今からでも頑張れば仮釈で出られるから、絶対に諦めるんじゃないぞ」

刑務所の分類課は、主に仮釈放を申請したりする部所である。分類課の部長の言葉に、坂本くんの表情は急に明るくなった。

（明日が、明日が見えてきた）

一筋の涙が、坂本くんの頬をつたう。歓喜に咽ぶ坂本くんを、分類課の部長は笑顔で見守っていた。

「さぁ、行くぞ、坂本。おまえの新しい工場へ……」

「は、はい‼」

坂本くんは慌てたようにアカテンの袖口で涙を拭き、担当刑務官に向かって元気一杯に返事をした。

（今度こそ真面目に模範囚となり、仮釈放で早期出所を目指すんだ）

坂本くんは新たな決意を胸に、懐かしい３工場の前に立った。

おわりに　罪を憎んで人を憎まず、の実践を！　文◎影野臣直

昭和7年（1932）、日本を訪れた喜劇王チャールズ・チャップリンは「その国の文化水準は、監獄を見ればわかる」との持論から、日本を知るため都内の小菅刑務所（現：東京拘置所）を視察した。そして、チャップリンは「おそらく設備、明るさの点からいっても日本の刑務所は世界一だと思う」と、絶賛したという。

確かに日本の刑務所は、ガバナンスがしっかりしている。海外の刑務所のように暴動が起こり、所内での殺人が横行することもない。刑務官が銃を持ち歩く必要もなければ、賄賂で腐敗することもない。私の服役経験から見ても、受刑者の身の安全を第一に考えているように感じられた。

アメリカで囮操作に遭い、USペネテンチュリー（アメリカ最重犯刑務所）ロンポックで11年の受刑生活を余儀なくされたヤクザの親分は、海外の刑務所と日本の刑務所の違いを、「アメリカや海外の刑務所は、日本の刑務所と比べるとハンパなく自由だよ。その代わり、自分の身は自分で守らなくてはならない。殺しなんぞ日常茶飯事だからね。日本の刑務所では、自由は奪われるけれど命までは奪われない。刑務所側が

受刑者を守ってくれるからね」と、語ってくれた。

どちらがいいのかは、わからない。ただ、日本で一度刑務所に服役したら、一生「前科者」としての烙印がつきまとい、元受刑者との関わりを一切避けようとする国民性が問題だ。冒頭で書いた川地氏など、出所2ヵ月経つというのに未だに就職が決まっていない。56歳という年齢からして、一般企業への中途採用は困難だろう。彼も前科者という十字架を、一生背負っていかなければならないのだ。

「逆に思いましたよ。オレをだました小五郎。それから刑事に検事。そして裁判官。出たら、絶対オレと同じ目に遭わせてやるってね！」

川地は、怒りに身を震わせながらいった。ダマすに手なしという。たとえば、恨みを抱く人間の日々の行動を調べ上げ、ポッと気を抜く瞬間に罠を仕掛ける。相手が酔っていれば、その上着のポケットに違法薬物等をいれて警察に通報。また、電車での通勤ルートを知っているなら口の堅い女子に頼んで、痴漢に仕立て上げるのも手だ。

たとえ裁判で不起訴や無罪になったとしても、元の職場に戻ることは困難を極める。それが日本の国民性だ。この過剰なほどの勧善懲悪を尊ぶ日本の悪しき風潮をなくさなければ、社会復帰した受刑者の真の更生は画餅にすぎないのではないだろうか。

サンエイ新書好評既刊

1
密教の聖地
高野山
その地に眠る偉人たち
上永哲矢
野田伊豆守
歴史上に名を残した多くの偉人との関係を紐解きながら高野山の知られざる一面を紹介。空海によって開基された平安時代から、戦乱の世を経た江戸時代までをたどる。高野山とゆかりの深い人物伝も多数収録!

2
三国志
その終わりと始まり
上永哲矢
後漢王朝の衰退から、激動の群雄割拠を経て、魏呉蜀の三国時代へ。そして晋の天下統一。今なお語り継がれる英雄譚を、陳寿が著した正史『三国志』を基に解説。三国志の舞台の地を訪れたルポルタージュも必読。

3
『古事記』を旅する
神話彷徨
編纂1300年 日本最古の歴史書
時空旅人編集部 編
天武天皇の勅命により編纂された『古事記』。ヤマトコトバで編まれたその神話性を読み解く。出雲神話と日向神話、そしてヤマト神話とゆかりのある地を訪れたルポルタージュでは、今に生きる神話の世界を覗く。

4
[カラー版] 古地図で読み解く
城下町の秘密
男の隠れ家編集部 編
古地図を使って全国32カ所の城下町の成り立ちを学べる一冊。地形や町割、町名などの情報から当時の様子を徹底分析。東日本は上田、弘前、仙台、会津若松など、西日本は金沢、大阪、津和野、萩などを紹介。

5
おカネは「使い方」が9割
《生きガネ》を操る実戦心理術
向谷匡史
学歴も偏差値も、カネの前では無意味。ヤクザ、ホスト、政治家、フィクサーなど、1万円を10万円、100万円の価値に高め、その《生きガネ》を使うことで自分を売り込むプロたちの「実戦マネー心理術」。

6
今こそ知りたい
アイヌ
北の大地に生きる人々の歴史と文化
時空旅人編集部 編
北海道を中心に独自の文化を築いてきた先住民族アイヌ。自然や動植物、道具など、あらゆるものをカムイ=神とする深淵な世界を紹介。さらに歴史も通じて日本の多様性を問う一冊。博物館&資料館ガイド付き。

成立から倒幕まで
長州藩
志士たちの生き様

男の隠れ家編集部 編

長州藩はなぜ明治維新で大きな影響力を持ち得たのか。藩の成り立ちから倒幕までの流れを追いながら、全体像を浮かび上がらせる。また新政府発足から始まった藩閥政治の光と影、幕末人物伝なども収載。

7

語り継ぎたい戦争の真実
太平洋戦争のすべて
日米開戦への道のり

野田伊豆守

日本が太平洋戦争へと踏み切った理由とは？ 真珠湾攻撃に至るまでの日米交渉、開戦後約半年で東南アジア全域を占領した快進撃、ミッドウェー海戦以降の敗戦への道のりなど3年8カ月に及ぶ戦いの全貌に迫る。

8

先人の足跡と名峰の歴史
日本山岳史

男の隠れ家編集部 編

明治初期、日本人の山登りは山岳信仰に基づく「登拝」から純粋な「登山」へと変化した。山の先駆者たちの足跡を追いながら日本アルプスの開山史をたどる一冊。北アルプスの山小屋の歴史と山行記も収録。

9

戦況図解
戊辰戦争

木村幸比古

265年続いた江戸幕府と薩長を中心とする新政府との戦い。鳥羽・伏見から最終戦の函館まで、518日間にわたって繰り広げられた戦いの全貌を、豊富な戦況図で経過を掴みながら理解する戦況図解シリーズ第1弾。

10

ルイス・フロイスが見た
異聞・織田信長

時空旅人編集部 編

宣教師ルイス・フロイスが綴った歴史書『日本史』をもとに、後世の想像ではない生々しいまでの人間・信長の実像に迫った一冊。本能寺の変ルポや、磯田道史氏が語る『日本史』インタビュー収載。

11

「許す」という心をつくる
ひとつだけの習慣

植西 聰

日頃から「許せない」という感情にとらわれることは数多い。しかし、その気持ちを引きずることは、自分の幸せを奪うことに繋がる。「許す」習慣を通してネガティブな感情から解放され、大きな幸福感を得られるコツが満載。

12

サンエイ新書好評既刊

潜伏キリシタンの真実

時空旅人編集部編

キリスト教の歩みと日本における潜伏キリシタンの謎に迫る。遠藤周作の小説『沈黙』の舞台となった長崎県外海地方や、世界文化遺産の教会などを巡りながら、通史では語られない生の声も収録。

13

戦況図解 西南戦争

原口泉

西郷隆盛はなぜ決起し、いかに散ったのか―？日本最後の内戦の知られざる実像を完全網羅。豊富な戦況図で経過を掴みながら理解するビジュアル解説が大好評の戦況図解シリーズ第2弾。

14

影野臣直（かげのとみなお）

1959年　大阪市出身。日本の小説家、ノンフィクション作家。大学進学を機に上京。歌舞伎町に出てキャッチバーでバイトを始め、以後ボッタクリひと筋20年。歌舞伎町最大のボッタクリチェーン「Kグループ」を築き上げる。1999年に「梅酒一杯15万円事件」で逮捕され、懲役4年6ヶ月の実刑判決を受けて新潟刑務所に服役。2000年11月に「ぼったくり防止条例」が施行されたことにより、グループは解散。2002年に仮出所した後は、裏社会人脈を生かし、歌舞伎町ネゴシエーターとして活躍。現在は作家に転身。よく取り上げるテーマは、歌舞伎町、刑務所、裏社会。主な著書は『歌舞伎町ネゴシエーター』『刑務所(ムショ)で泣くヤツ、笑うヤツ』(以上、河出書房新社)『新宿歌舞伎町　悪漢（ヤカラ）のアウトサイダーズ・エシックス』（れんが書房新社）など多数。

デザイン・DTP◎川瀬誠

実録!　ムショで図太く生きる奴らの悲喜こもごも
サラリーマン、刑務所に行く!

2018年11月15日　初版 第1刷発行

著　者――――影野臣直
発行人――――星野邦久
発行元――――株式会社三栄書房
〒160-8461 東京都新宿区新宿6-27-30
新宿イーストサイドスクエア 7F
TEL:03-6897-4611（販売部）
TEL:048-988-6011（受注センター）
装幀者――――丸山雄一郎（SPICE DESIGN）
制　作――――野田伊豆守
印刷製本所――図書印刷株式会社

落丁本・乱丁本は購入書店名を明記のうえ、小社販売部あてにお送りください。
送料は小社負担にてお取り替えいたします。
Printed in Japan ISBN 978-4-7796-3784-1